[海外客家研究叢書 07]

東南亞客家社團組織的網絡
The Networks of the Hakka Ethnic Associations in Southeast Asia

蕭新煌、張翰璧、張維安◎主編

Edited by Hsin-Huang Michael Hsiao, Han-Pi Chang and Wei-An Chang

中央大學出版中心 ┃ 遠流

《海外客家研究叢書》總序

蕭新煌

　　國立中央大學客家學院獲得李誠代校長的大力支持於2012年底正式成立「海外客家研究中心」，在中心的工作目標裡，明列出版《海外客家研究叢書》，以貫穿教學、研究和出版的學術三大宗旨。

　　「海外客家」，顧名思義是以原鄉中國和本國臺灣以外的客家族群和社會做為研究對象。就客家族群歷史淵源來說，臺灣客家也算是中國原鄉的「海外」移民客家，但客家在臺灣經歷三百年的本土化、臺灣化和國家化之後，已與臺灣的新國家社會形成有機體。如此的國家化和「去離散化」的經驗乃構成臺灣客家與其他全球客家很不同的族群歷史和政治文化樣貌。基於此，如果將臺灣客家與其他海外客家進行比較研究的著作，當然也可以列入此一叢書。

　　到底「海外客家」有多少人？一直是人人有興趣、大家有意見，但彼此都不太確定的「事實」。偶爾會聽到的猜測竟高達8,000萬到1億，但根據1994年「世界客屬第十二次懇親大會」所公布的統計是6,562萬，似是比較嚴謹和實在的數字。在這6,562萬當中，中國原鄉大概有5,290萬、臺灣有460萬，剩下來的812萬客家人口嚴格說來，就是本叢書系列著作要去探討研究的「海外客家族群」對象。

　　如何在這812萬海外客家裡，去做進一步的分類、理解和比較，恐怕也是見仁見智。我認為，至少也做以下的初步分類嘗試：

第一群是所謂海外華人集中的社會，即香港（125萬）、澳門（10萬）、新加坡（20萬）。在這三個社會裡客家族群（共155萬）如何形成、演變，並與其他華人族群如何相同相異，當是很有意義的研究主題。

　　第二群是亞洲和太平洋的海外客家，其總人數有360萬，僅於臺灣的460萬，包括印尼（150萬）、馬來西亞（125萬）、泰國（55萬）、越南（15萬）、緬甸（10萬）、澳大利亞（4.3萬）、印度（2.5萬）、太平洋各島嶼（1.7萬）、日本（1.2萬）、菲律賓（6,800）和汶萊（5,000）。這些身處少數的亞太客家族群的變貌和如何維繫客家族群認同，及其與在地本土社會、族群和國家的種種生成、矛盾、辯證關係，即是有價值的探討課題。

　　第三群是北美洲和中南美洲的海外客家，共60萬。其中美國有28.4萬、加拿大有8.1萬，其餘的23.5萬則分散在秘魯、牙買加、古巴、圭亞那、巴拿馬和巴西等國。這些算是少數中的少數之海外客家族群經驗中，最難能可貴的恐怕就是如何去延續什麼程度的客家文化傳統和習慣的「微觀族群生活經驗」。

　　第四群是其他的海外客家，共28萬，包括歐洲的20萬和非洲的8萬。其中歐洲的英國有15萬、法國3萬，再次是瑞士、荷蘭、比利時，北歐的瑞典和丹麥也有少數客家人的蹤跡。至於非洲的模里西斯有3.5萬，算是可觀，南非有2.5萬，留尼旺約有1.8萬。

　　本叢書的目的就是計畫陸續出版有關上述這些分散五大洲，多達80個國家和社會海外客家族群之移民史、在地化歷程、「離散經驗」和維繫並延續客家文化認同的奮鬥和努力。

　　以上就是我做為本叢書總主編的出版想法和期許。

各章作者簡介

蕭新煌
國立中央大學客家學院講座教授
中央研究院社會學研究所兼任研究員
臺灣亞洲交流基金會董事長暨總統府資政

張翰璧
國立中央大學客家語文暨社會科學學系教授兼海外客家研究中心
主任

張維安
國立交通大學客家文化學院人文社會學系教授兼通識教育中心
主任
國立中央大學客家學院合聘教授

張陳基
國立聯合大學客家研究學院文化創意與數位行銷學系教授

林開忠
國立暨南國際大學東南亞學系副教授兼系主任

利亮時
國立高雄師範大學客家文化研究所教授兼東南亞暨南亞研究中心
主任
新加坡南洋理工大學中華語言文化中心特邀研究員

主編序

　　傳統的東南亞華人研究，大多聚焦在華校和華人教育的研究；而東南亞客家研究，過去則以客家會館為主要的研究對象。會館確實是最具歷史，也是最明顯的客家在地網絡組織。以會館作為研究基礎，可以藉由其社會網絡開啟許多深入的研究課題，譬如說它可做為客家史的論述主軸，建構出客家移民過去兩百年來遷徙到東南亞的移民過程與在地發展。過去的會館研究，不論是以「客屬」或是「客家」為名，或是以祖籍地命名的會館，也累積了相當豐富的資料和成果。然而，過去的相關研究卻無法呈現單一國家或跨越區域之會館內部及會館間的整體圖像。此外，自1990年代開始，以臺商組織為基礎，應運而生的臺灣海外客家組織，更成為近年東南亞客家社團發展的新趨勢。

　　本研究運用社會網絡分析法，以東南亞各國為研究區域，同時蒐集老華客會館和新臺客社團的資料，進行客家社團組織的比較對照探討，以期瞭解當代客家社團組織的整體和多元發展脈絡。研究發現，以區域而言，新馬地區的會館組織發展多元且數量多，印尼的會館活動則有逐漸恢復的趨勢。半島東南亞則以泰國的會館網絡較完整，越南、柬埔寨的客家組織則似乎趨於沒落。近年來，在全球化環境下的新加坡客家會館發展已經有了巨大改變，除了傳統核心團體組織仍具影響力之外，以藝文活動為連結的社會網絡更顯得重要。

　　臺灣自許做為全球客家文化創新的基地顯然是有可為的。長

期以來，客家委員會對於海外客家個人及社團組織的各種連結，以及各種客家文化推廣的活動，都投入不少人力與心力。文化推廣的努力有助於提升全球客家人的族群自尊與認同，客家社團網絡關係的建構和擴張，更有助累積客家族群的社會連結和交流。

　　本書的出版要感謝客委會李永得主委、楊長鎮副主委的大力支持、客委會學術發展委員會審定本委託計畫「全球客家社團組織的比較：結構、功能與網絡」的研究經費。計畫參與成員包括總主持人國立中央大學蕭新煌講座教授、協同主持人國立交通大學張維安教授、國立中央大學張翰璧教授、國立暨南大學林開忠教授、國立高雄師範大學利亮時教授和國立聯合大學張陳基教授。本計畫的資料蒐集方法以深度訪問為主，資料分析則以較新穎的量化網絡分析，所有計畫成員都全員參與每個研究步驟，尤其是在對資料的解讀和寫作，更是盡心盡力。同時，我們要感謝兩位海外諮詢顧問，馬來亞大學黃子堅教授與新加坡國立大學黃賢強教授，他們協助田野調查，也提供專業的諮詢。最後，助理任婕博士生在研究計畫的行政以及稿件編輯的協助，也值得一提。

　　希望本書的出版，可以繼續以臺灣為中心（Hub），連接各地的客家人、客家團體節點（Nodes），一步步將臺灣建構和提升成為全球客家人的族群心靈新故鄉。

蕭新煌、張翰璧、張維安

2019 年 10 月 18 日

目錄

第6章　東南亞客家社團區域化的新方向　　　　　249

The New Directions of the Regionalization of Southeast
Asian Hakka Ethnic Associations
蕭新煌、張翰璧、張維安 Hsin-Huang Michael Hsiao,
Han-Pi Chang and Wei-An Chang

圖表目錄

第 1 章　東南亞客家社團研究的新趨勢

蕭新煌

一、研究背景與文獻探討

　　客家族群有一個明顯的特色：分散全球但又頻繁聯繫互動。因此，將亞洲、甚至全球客家作爲一個單位，分析客家族群的分散、聯繫及其支配力量，具有認識論上的新價值和政策意涵。本章首先將針對客家組織的相關理論與文獻進行回顧，接著是對研究對象（分析單位）的檢視，以進一步確立跨國網絡分析的必要性。

　　著名的漢學家 Philip Kuhn 在 *Chinese Among Others: Emigration in Modern Times*（2008）書中，分析五百年來華人向外遷徙的過程與歷史，指出殖民統治者的族群政治操作，以及宗教文化的差異性，影響了島嶼東南亞國家（印尼、馬來西亞等國）和半島東南亞國家（泰國、柬埔寨等）華人融入當地社會的程度。融入在地社會的程度，又往往影響華人是否定居（落地生根）或是再次移民的決定，以及華人會館與社團的設立。華人移民史上，大多數的移民是因爲經濟因素向外遷移，移民之初的基本生活和居住的需求、求職過程的介紹，都需要仰賴會館和社團的協助。因此，會館往往就沿著地緣（祖籍地）關係建立起來。

東南亞的「會館」組織，是沿用明清時期在江南一帶盛行的商業組織。華人會館組織的創立源於15世紀，首先出現在北京，而後逐漸擴展於全國各地的同鄉會館。從16至19世紀在蘇州普遍成立的會館，雖然是兼具「自發性、常設性、合法性」的團體組織，並在功能上提供成員在「宗教情緒、互助情懷、經濟共同利益」等三方面的滿足，但還是屬於商人團體。到了18、19世紀，在蘇州的會館是一棟由商人自願捐款而得以成立的建築物，地方政府會「立案」保護，不准無賴宵小侵佔或破壞，在當地地方社會也成為一種可與「神祠」並列的公共建築物（邱澎生 2012：271-272）。

　　會館和公所其實並非法律意義上的商人團體，而主要指的是由商人捐建或租用的那棟受到地方政府「立案」保護的建築物（邱澎生 2012：271-272）。是被地方社會與地方政府視為一種商人藉以舉辦聯誼、祀神與慈善活動的建築物名稱，是「公產」，而不是我們現在所理解的社會團體或是「法人」。只要這棟專屬建築物存在一天，團體成員就會因為捐款關係而共享這份公產所提供的種種經濟與非經濟服務，例如宗教祀神、同鄉聯誼以及舉辦同業同鄉善舉的活動（邱澎生 2012：275）。

　　近兩百年來華人大量移民海外，幾乎有華人的地方就有會館組織，尤其是東南亞的客家會館在東南亞客家研究，顯得相當突出，會館成為瞭解海外客家人／華人組織化活動的重要線索（蕭新煌、張維安、范振乾、林開忠、李美賢、張翰璧 2005）。然而，「會館」的組成與功能卻在過去兩百年間產生不同的變化。以馬來西亞檳城為例，自19世紀中葉，檳城成為苦力貿易的轉運站後，移民和苦力必須尋找工作以及需要社會支持系統。社會

功能的需求，促使姓氏公司、家廟、會館成員劇增，進而成為足以支配社會秩序的組織（張翰璧、張維安、利亮時 2014：128）。

當時的會館除了發揮團結互助照顧同鄉外，同時兼具宗教信仰、社會聯誼、慈善事業三種性質的功能。但是發展至今，不同地區的會館並非沿著相同的方向發展，逐漸出現各地會館性質的差異。例如有些國家的會館、商人與華校結合緊密，為的是促進華校的發展。有些國家的會館，單純只有服務鄉親的社會福利功能，沒有推動華校教育的宗旨。不論會館是文化的保護和發揚者，或是服務族群的中心、動員族群的基地，會館組織在19世紀到現在，一直在華人社群中扮演舉足輕重的角色，對客家而言也不例外。

作為海外移民組織的重要團體，過去的會館和現在新成立的聯誼會，都是瞭解海外移民社會形構和在地化過程的重要切入點。以往華人會館的相關研究，多是以「國家」為單位，且大部分集中在新加坡，例如崔貴強《新加坡華人：從開埠到建國》（1994）、Cheng Lim Keak, *Social Change and the Chinese in Singapore: A Socio-Economic Geography with Special Reference to Bang Structure*（1985）、Jiann Hsieh, *Internal Structure and Socio-Cultural Change: A Chinese Case in the Multi-Ethnic Society of Singapore*（1977）等。上述的著作雖然涉及華人社團的發展、功能與結構等問題，但都是以單一國家的角度進行研究，欠缺「跨國」或「區域」的觀點，也較少討論會館和其他跨國或跨域的組織間互動網絡關係。

自2000年以來，臺灣學者在蕭新煌的帶領下，逐漸聚焦東

南亞客家的研究。其中，就會館的部分，在近十多年來產生不少的著作，如蕭新煌、張維安、范振乾、林開忠、李美賢、張翰璧〈東南亞的客家會館：歷史與功能的探討〉（2005），蕭新煌、林開忠、張維安〈東南亞客家篇〉（2007），利亮時、楊忠龍〈會館、華商與華校的結合：以新加坡茶陽（大埔）會館為例〉（2010），黃賢強〈新加坡永定會館：從會議紀錄和會刊看會館的演變〉（2011），利亮時〈錫、礦家與會館：以雪蘭莪嘉應會館和檳城嘉應會館為例〉（2011），王力堅〈新加坡茶陽（大埔）會館研究：以文化發展為聚焦〉（2011），黃淑玲、利亮時〈共進與分途：二戰後新馬客家會館的發展比較〉（2011），利亮時〈走過移民的崎嶇路的社團：曼谷客家總會與山口洋地區鄉親會之比較〉（2013a），林開忠〈從「客幫」到「客屬」：以越南胡志明市崇正會館為例〉（2013），羅素玟〈印尼峇里島華人族群現象：以客家社團組織為核心的探討〉（2013），林開忠、利亮時〈日本客家之社群組織與公共參與〉（2015）。過去十多年來，臺灣學者的東南亞客家會館研究，累積了相當深厚的基礎。然而，上述的研究都聚焦在海外華人的會館，對於臺灣移出去的客家社團的研究相對少，這也是本書希望著力的另外一個面向。

由於客家族群具有很強的在地性和流動性，因此，研究單位的決定和研究範圍的選定，將影響對客家族群的認識，及其相應而來的理解詮釋。個別國家的會館研究，固然有助於對整體客家族群的認識，但畢竟仍然受到歸納方法的限制，無法呈現全球客家會館的面貌與異同。因此，為補充過往以國家空間為單位的研究特色，本書將以整個東南亞的客家社團組織作為範圍，研究其

網絡，以進一步探究全球客家社團的網絡關係與結構。

　　本書的觀察，除了能進一步解讀東南亞各地客家社團的結構、功能和彼此的組織網絡之外，更希望以此建構臺灣作為世界客家研究中心的基地，以及成為全球客家社團連結和網絡的平台。

二、研究目的

　　本書是以東南亞的客家社團組織作為研究對象，其主要特質有三項。首先，臺灣海外華人研究裡，過去不注重田野調查的資料蒐集，且大部分蒐集都限於華校的資料，本書的研究團隊走訪東南亞8個國家和客家聚集區域，針對85間客家會館與客家聯誼會進行面對面的訪談，期望經由此一東南亞客家研究方法開啟華人研究的經驗調查方式。第二個特質是從在地化的角度進行華人研究，研究的客家社團組織包括客家會館、客屬聯誼會、同鄉會、客家公共事務協會以及其他客家文化團體組織，並試圖區分老華客與新臺客的組織類型。第三，過去的會館研究多屬於個別會館、國家或區域的質化研究，並未分析跨國或是跨域的網絡連結與互動關係，因此無法看出不同會館、國家、區域之間的異同性。本書利用社會網絡分析法，分析社團組織之間的社會網絡關係，進行跨越組織分析，藉此可以更完整瞭解客家社團組織整體的發展動態和脈絡。

　　本書主要研究目的有以下幾個。

（一）建構東南亞客家社團結構類型以及互動網絡的大趨勢分析

本書對全球客家社團組織的類型分析，主要是想理解以下幾個變項（指標）：

1. **客家社團的原鄉背景**：是「老華客社團」還是「新臺客社團」？除了蒐集成立的基本資料外，將進一步分析不同類型的客家社團與臺灣的網絡與互動關係。

2. **國家和地區之核心客家社團的辨識**：以上述調查資料為基礎，辨識出不同國家／地區（跨國家，如東南亞與大洋洲）的核心之客家社團，以利將來客家委員會與其建立關係，甚至可以在客家社團的網絡基礎上，深化文化與經濟等活動的外溢效果，增進臺灣與在地國間的互動。

3. **客家社團／社團領導人與該國地方／國家層級之組織或政治精英、企業領袖的網絡關係**：即辨識出各地重要客家社團／社團領導人於在地國的地方／國家層級之組織或政治、企業精英的互動和網絡。一方面從這樣的關係基礎上繼續強化相互間的網絡關係，擴展互動的面向，以增進平等互惠的影響力；另一方面，透過政經網絡關係的釐清，也有利於未來客家委員會海外客家政策的擬定方向和目標。

在探討這些類型的客家社團組織間的互動網絡，則有以下幾點理論的思考：社會網絡相關理論如弱連結（weak tie）與結構洞（Structural Hole）等是本書的理論基礎。弱連結理論是由Granovetter於1973年所提出。社會網絡關係中的連結次數可以分成節點多的強連結（strong tie）與節點少的弱連結（weak tie）。

雖然，佔據強連結的組織具有網絡核心的位置，弱連結卻可以帶來更多的異質性的知識交流，跨越平常較少接觸或是不同社交圈，因而獲得更多的合作機會與社群力量。反映在客家社團組織上，相似且互動頻繁的會館或組織間，其交換或分享的資訊同質性較高，可以強化會館間的凝聚力。

相對的，透過弱連結的會館網絡，反而較易獲得一些異質性的資訊，在知識分享或資源交換上具有較高效益，比較容易向外拓展會館的社會關係。因此，社團與社團之間的網絡關係不應該只關注連結次數的多寡，更應該進一步瞭解社團所在的關鍵位置，分析其結構洞多寡與結構位置的異同性。海外客家社團組織藉由相互合作方能運轉，每個網絡圈彼此有差異，也可能相互重疊，使得會館間的網絡呈現多元與繁複。透過強弱連結與結構洞等社會網絡相關理論，對於海外客家社團組織進行「關係」分析，可以瞭解組織特性與發展趨勢。

社會網絡分析著重的是「關係」的分析，這與傳統研究方法有所不同。過去，受限於研究方法的抽樣調查，研究分析是以樣本推論母體的特性。社會網絡分析是以整個母體作為網絡分析的觀察對象，研究者必須相當清楚研究母體的邊界以及個別觀察項該如何挑選，也就是要確認海外客家社團組織的範圍與清單。因此，社會網絡分析這種既重視「關係」，又直接觀察母體屬性的分析方法，對於會館間社會網絡的掌握更為真切。操作上，研究者將每一個客家社團組織，視為一個行動者（actor）或是節點，透過面對面訪談，瞭解行動者間關係（或是連結）存在與否或是強弱程度。

透過這樣的社會網絡分析，最後能夠建構東南亞客家社團組

織的結構類型與發展趨勢，爲進一步的全球客家社團組織的研究奠基，這是本書的第一個研究目的。

（二）深入分析東南亞客家社團功能轉變與現行運作的意義系統內容

具體來看，以關係網絡爲單位的東南亞客家研究，是以東南亞所有客家社團組織爲對象，整理相互之間的各種類型關係網絡，例如社交網絡、經濟網絡、政治網絡等等。關係網絡的分析，將解讀不同類型的關係網絡之領導性社團組織，以及不同關係網絡之間的重疊性或獨立性，這些成果有助於讓我們思考全球客家連結的節點和具體社團組織的結構性位置。

其次，我們將解析繽紛多彩的客家活動底層之結構性力量。近年來，以客家爲名的活動與集會較以往更爲頻繁，不過這些現象是否屬於年鑑學者所說的事件史，或只是拍打在海岸的浪花，是一時的熱鬧或表面的現象。面對東南亞客家社團組織之間的連結、集會以及繽紛的活動，我們更需要進一步去理解帶動這些活動和連結的底層力量。在這個議題下，本書希望能夠理解創造這些結構的行動者、結構性的動力和趨勢，並進一步的分析支配這些行動者的意義系統。

（三）掌握東南亞客家社團在兩岸政治生態下的發展傾向與樣態

近年來兩岸均對「海外」客家社團賦予高度興趣，交流回訪也日益頻繁。當然，我們清楚中國政府的海外客家社團政策及政治用心，企圖將海外社團收編在其統戰策略之中。至於族群研

究、文化認同和多元發展的更寬廣目標,恐非其政策目標。然而,我們還是有必要對中國的海外客家社團統戰用心和作法有一定程度的瞭解。藉由會館網絡的分析,進一步瞭解東南亞各國、各地客家社團與彼我雙方的互動、交流狀況,以及他們對彼我的海外客家政策期待的異同。如此,當可掌握全球客家社團在兩岸政治生態下的傾向與樣態。這是本書的第三個目的。

三、東南亞客家社團研究的回顧

　　當前研究華人會館的文獻中,多是從不同地域的華人進行「個案」探討,首先是 Maurice Freedman。Freedman（1966）在《華人世系與社會:福建與廣東》（*Chinese Lineage and Society: Fukien and Kwang-tung*）書中重新定義「華人世系」的概念,他在該書第一章指出,應重新思考華人移民型態、世系以及宗族（clans）三者之間的關係,並提出以下的問題:在中國,究竟單一世系社群可否被視為地區性的現象?Freedman 在第一章區分出不同血緣組織的社群,雖然這些組織可能反映出不同祖籍的華人整合出高度統一的合作力量,但在「華人」之間仍存有相當的內部差異性。其次,該書第二章探討了華人家庭與宗族組織之間的連帶關係,第三章則重新探討華人家庭組織的社會地位、權力與政府的關係,而第五、六章則分別分析宗族之間的婚姻連結與械鬥。

　　Freedman 傾向於將「華人社會」視為一個「整體」或「單位」,反而對於其他社會人類學家（例如 Malinowski）所從事微觀的村落研究持保留態度（Firth 1991）。不過 Pasternak（1969）

認爲Freedman所提出獨立宗族與當地華人社團組織設立的觀點，欠缺考慮其他較爲鬆散的次幫群對結構組織較爲完整的華人社團的影響。

李明歡（1995）的《當代海外華人社團研究》是另一本當代研究華人社團的重要論著。該書是以全球「海外華人社團」爲探討範圍，分別從海外華人社團歷史淵源，戰後海外華人生存環境的變遷，當代海外華人社團的組織動因，當代海外華人社團的組織形態，當代海外華人社團的經濟機制和當代海外華人社團的社會功能，共六個部分來進行論述。大體而言，李明歡是以宏觀的視野來看海外華人社團的發展，並且認爲「海外華人」是相當模糊的範疇，其將「海外華人」的概念從宏觀與微觀兩層面來論述。在宏觀意義上，這個概念是以中國以外的整個地球村爲活動環境，以某種血緣和文化上的相似性爲天然聯繫。相形之下，在微觀的意義上，「海外華人」的概念則相當確定，亦即是他們是有血有肉、有感情有個性，彼此千差萬別，行爲動機大相逕庭，活動環境視各人的具體條件而異（李明歡 1995：199）。

古鴻廷也是以「海外華人社團」爲主要研究對象的重要學者，其所分析的結果大多以「血緣」的觀點論述華人社團的「合」之基礎。古鴻廷認爲，華人社團大抵建基於地緣、血緣與業緣的關係。早期的華族移民，離鄉背井，人地生疏，極易使來自同一鄉、縣、府或口操同一種方言之移民聚集在一起。爲發揮互助互惠，同甘共苦功能，「同鄉會」及「會館」等名目的社團，隨著移民地域觀念之逐漸擴大，地緣性之社團遂從鄉、縣、府擴大到省，於是「福建會館」、「廣東會館」、「廣西會館」等社團組織相繼出現（古鴻廷 1994）。他進一步指出，幫派或

會館等會社組織與華人移民後的經濟活動有密切的關係。另一方面，他也認為華僑的社會結構深深影響其經濟活動，其主要建立於地緣與血緣的基礎，屬於同一宗族或區域的群體，相互提攜與扶持，因此在經濟結構上便出現了某一行業由同一群體壟斷的現象。此情形阻遏了華族資本走向近代資本主義。華族之企業經營，重視宗族與同鄉關係，雇主極力聘用親朋戚友。古鴻廷認為，此作風浪費許多無謂開銷，限制企業發展，故華族企業之忽視人才導致組織鬆弛（古鴻廷 1994）。古鴻廷從宏觀的觀點，探討血緣性社團「合」的基礎，基本上仍欠缺從方言群內的其他因素來探討。

從客家族群角度來看，東南亞客家族群的特殊性，因移居海外又保留中國原鄉的文化特質，加上與其他華人群體和當地族群的複雜互動關係，長久以來一直是東南亞研究不可或缺的探討對象。尤其海外客家人的組織能力，從 19 世紀到 20 世紀中期，華人開始向外移民後便有跡可循。在東南亞的華人社會中，「會館」不只保護與發揚原鄉文化，也提供社會服務、爭取同鄉利益、保留中華文化及抵抗外來威脅。透過東南亞地區如馬來西亞、新加坡、汶萊、泰國等，各地開枝散葉的會館、同鄉會、宗親會等，散布在東南亞各地的客家人，組成地緣性的客屬同鄉會組織和不少血緣性的客屬團體。這些客屬組織團體維護客家人的權益、發展經濟、促進慈善公益活動，做了許多有益的工作。不論是精神上的慰藉，抑或是現實生活上的幫助，對於移居海外的客家人而言，社團組織都成為同鄉凝聚的重要媒介，也是滿足所有社會需求的重要機構。

在海外華人會館研究中，客家會館的研究又深具重要性。隨

著客家族群不斷地遷徙與扎根，不斷的擴張，族群認同也日益複雜。明代之後，從「漢人」概念分化的方言群，開始另一波的遷徙，其中，客家族群的移民活動具有文化指標意義（Leong 1997：31）。直到康熙年間，原本居住在粵北丘陵山區的客家人，為了防止明鄭的反攻大陸，清政府實行「遷界」，沿海不許人民居住，把人民遷徙到內陸，而沿海土著大多數死亡或他徙。

　　其中，從中國大陸遷徙至馬來半島的客家族群，在華人移民與會館研究上極具指標性意義。由於移民時間的先後，英殖民政權和馬來（西）亞政府的治理政策等，華人的身分認同趨於多元。自19世紀華人離鄉背井來馬，至1937年馬來亞（包括馬來西亞半島部分與新加坡）華人達210餘萬人，佔總人口的41.4%，其中華人更佔新加坡人口的76.5%，而在馬來半島的21個重要城鎮中，華人人口數超過居民總數50%的就有17個（蕭新煌等 2005）。由於華人移民多來自於閩粵地區，語言的共通性在凝聚地方社群的過程中，扮演相當重要的角色，同鄉者往往聚集在一起，相互幫忙。當中國人離開祖籍地移民海外，在移居地重建社會組織，而會館成為社會組織的重要一環。中國移民南下謀生，同鄉成為凝聚彼此的重要因素，移民日漸增多，再加上社會組織的成立，漸漸形成「福建幫」、「廣府幫」、「潮州幫」、「瓊幫」、「梅幫」和「埔幫」（後來結合成為客家幫）。幫群之間因來自各個不同的籍貫，也因為使用不同方言，溝通上發生障礙，幫群之間的對立於焉成形。然而，除了生活上的相互幫忙，幫群之間還存在著利益上的矛盾。以方言群為基礎的私會黨更經常因為利益衝突而大打出手，釀成流血事件的悲劇。蕭新煌等人認為，對早期華人移民來說，「鄉」的觀念遠比

「國」的觀念強烈。語緣和地緣是馬來西亞早期華人界定人群與我群的基礎（蕭新煌等 2005）。

　　有關新馬客家會館之研究，在蕭新煌等人（2011）主編的《東南亞客家的變貌：新加坡與馬來西亞》中著墨甚多，該書共計14篇論文，其所選定的主題包括會館、產業、聚落、宗教信仰與家庭等五項主題，其田野調查的範圍則涵蓋砂拉越、檳城、新山、太平以及新加坡等地。其中，關於客籍會館的研究有幾篇的觀點值得本研究參考。

　　首先，黃賢強（2001）〈新加坡永定會館：從會議記錄和會刊看會館的演變〉一文係根據1940年代《永定月刊》與2000年代《永定會刊》等代表兩種不同時代的永定會館刊物，來論述永定會館的發展與政局交替轉變之關係。黃賢強的研究發現，1940年代《永定月刊》仍然關注家鄉永定，然鮮少涉及中國的政治與福建省的事務。其次，利亮時（2011）〈錫、礦家與會館：以雪蘭莪嘉應會館和檳城嘉應會館為例〉則是比較客家會館在隆、檳兩地的發展情形與差異。發現雪蘭莪的嘉應會館在許多礦業大亨的嘉應先賢支持下，為會館的未來奠立了基礎。在檳城方面，由於嘉應州的客家人在檳城的經濟力量與人口，相對於福建人而言皆處於劣勢，因此他們更需要會館的協助，而使得嘉應會館是最早成立的會館之一。另一方面，由於檳城嘉應同鄉在經濟方面較不富裕，亦導致會館在後來的發展上亦受到限制。

　　再者，黃淑玲與利亮時（2011）〈共進與分途：二戰後新馬客家會館的發展比較〉一文，比較新馬客家會館在二次戰後的角色與功能。〈共〉文指出，馬來西亞建國後，政府與英殖民政府時代的華人政策，差別其實不大，對華人仍存有許多的不平等。

此導致馬來西亞的會館，自然包括了客家會館必須擔負起照顧族群的角色。相對於新加坡客家會館，新加坡在1965年8月9日獨立建國後，政府即提倡國家認同與「新加坡人」的我群觀念。為了強化政府的理念與政策，新加坡政府並不允許會館繼續成為族群的代表，而設立連絡所取代會館的聯誼功能。換言之，新加坡採取的方式是弱化會館在族群的影響力，同時，強化政府的控制角色。另外，王力堅（2011）的〈新加坡茶陽（大埔）會館研究：以文化發展為聚焦〉一文則是以茶陽（大埔）會館為個案，探討該會館的沿革發展及現況、會館的文教衛生事業、文化館、文化研究室與圖書館的創立及其意義、會館面臨的問題及未來展望，〈新〉文從這些面向討論茶陽（大埔）會館的文化發展。大體而言，該書在東南亞華人會館的內容上甚為豐富，唯仍欠缺探討「華人」內（intra-group Chinese）不同業緣或地緣意識的幫派之衝突與內鬥之論述。

海外客家人與他們所屬的會館在東南亞華人社會中扮演的角色，並非一成不變。隨著社會變遷，會館結構功能和運作模式也在不斷的調整（黃淑玲、利亮時 2011：101）。以馬來西亞為例，在建國獨立前，客家人與其他華人一樣都是以中國作為認同對象，獨立後，客家人認同由「落葉歸根」轉為「落地生根」，會館積極參與當地事務。不過移居至馬來西亞的華人多從事錫礦業，以商人為領導中心的會館組織，在會務發展上也較有彈性空間，加上馬來西亞政府對華人的種種不平等待遇，使會館仍有其存在的必要性。相較於馬來西亞，新加坡的狀況又不太一樣了，在1965年獨立建國後，政府提倡新加坡國族認同，國家政策公平對待各個族群，新加坡會館的服務功能被政府機構取代，逐漸

只剩發揚族群文化的角色。

　　1923年，著名永定客家人胡文虎擴大業務，在新加坡開永安堂分行，商務興隆，對公益事業的捐贈也更多了。同年，由新加坡應和會館與豐永大公會發起召集八屬同僑大會，準備組織大型客屬總會。在胡氏兄弟的慷慨解囊、帶頭鼎力資助下，1926年會所落成，1929年8月23日，全世界第一個大型客屬團體——南洋客屬總會正式成立（羅英祥2003：105）。胡文虎深知團結的力量，不僅帶頭成立第一個大型客屬組織，更希望能把東南亞的客籍華僑都組織起來，擴展相應的機構，使社團組織遍布各地，在他的倡導與具體部署下，各社團會員紛紛響應捐款籌建會所，南洋各地建立起客屬公會，一年時間，就組建了53個客屬公會，分布在馬來西亞43個、砂拉越2個、印尼7個、緬甸1個（羅英祥2003：105）。

　　大體而言，19世紀的客屬移民在組織上多以地緣性質的為主，並組成各自的會館，例如惠州人會組成惠州會館、茶陽人組成茶陽會館、嘉應人組成應和會館等，這些會館多擁有悠久的歷史，[1] 惟長久以來多各自為政（白偉權、張翰璧2018）。以歷史來看，東南亞華人社會中，大部分的祖籍地緣團體都是早在18世紀至19世紀期間成立的，直到20世紀後「新加坡南洋客屬總會」的出現，才有了第一個能夠統合客家組織的總機構，而後來南洋各地的客屬公會聯合會也紛紛成立，在星洲客屬總會的基礎上，於20世紀初逐漸發展出南洋「客屬意識」。

1　例如新加坡的茶陽和應和會館，都是當地開埠初期的會館。

當時客屬意識的出現，面對的是來自內部與外部的社會環境挑戰，內部是南洋方言群分立的社會格局，以及外部中國內憂外患所激起的憂患意識。然而，19世紀以來，各地的客屬社群相互凝聚爲一體的步調不一，在許多地區，不同地緣的客家人之間往往界線分明，水火不容。這與20世紀整個南洋客家人呈現大團結的氛圍形成強烈對比，這種現象某程度上也揭示了南洋客家人的一體性其實並非理所當然，而是經過某種建構與發展的過程（白偉權、張翰璧2018）。

　　以往對於東南亞客家研究，比較偏向歷史文獻的整理和探討，如會館、義山、華文教育、早期移民史的分析（蕭新煌2011：3），或是會館刊物的史料分析，不過隨著社會變遷與全球化發展，會館的功能也漸漸改變，早期以原鄉祖籍的地緣組織爲主，功能多爲照顧鄉親生活所需，類似社會福利機構，但當今的華人會館雖仍致力於鄉親服務，與原鄉的聯繫曾經減弱（惟晚近二十年來，卻有逐漸增加的趨勢），不僅多了與其他社團的聯誼功能，更形成了聯合性組織，會館不再單打獨鬥只爲鄉親，而是彼此間團結力量在地扎根。

　　東南亞華人社會的會館角色，因各國政經發展和歷史因素有所不同，後期的功能也有所轉變。創立之初，會館爲單一人群謀福利，之後會館開始團結凝聚爲一股社會力量。當各國獨立建國之後，各國會館的發展漸漸出現歧異的路線，有的被逼消失，有的則是轉而肩負起發揚中華傳統與文化的責任。這些能夠繼續發展的社團，彼此間聯合爲更大的組織。20世紀的客家「聯合團體」更如雨後春筍般紛紛成立，例如南洋客屬總會、馬來西亞客家公會聯合總會等；也因客家聯合組織的逐漸興起，東南亞客家

社團的研究亦從過去多聚焦於社團的創建歷史、史料分析、會務功能等，到20世紀晚期便轉變爲對社團或會館之間的網絡連結、與臺灣或中國，以及區域間不同國家的關係、人才接續問題以及社會網絡分析進行研究。

四、新臺灣客家因素的浮現

從18世紀開始的傳統地緣組織，到20世紀的客家聯合組織，皆可看出海外客家人的組織能力不容小覷。但近年東南亞新成立的客家社團，倒是與臺灣客家人息息相關，可說是新興客家組織的推手。

在客家委員會與政府新南向政策的大力鼓勵之下，東南亞各地的臺灣客家聯誼會紛紛成立。不過臺灣客家人移居東南亞的契機與19世紀從中國原鄉移居的客家人不一樣；臺灣客家人的移居大多以經商爲由，第一批臺商早於1980年代中期開始大量向外移動。當時主要以從事出口導向、勞力密集的中小企業爲主，到了1994年，政府才正式提出第一波南向政策，其後又在2003年大力推動臺商赴東南亞投資，臺灣客家人多是搭著這兩波的經商熱潮移居東南亞。

在客家聯誼會尚未組成之前，海外的臺灣客家人多以商業組織作爲網絡互助的媒介。臺商在海外經營事業，面對文化、語言、稅制、法律、政治等挑戰與障礙，不僅需要政府的協助與配合，更需要匯聚所有臺商的力量，團結起來共同在異鄉經營事業，相互幫助。在這樣的需求之下，臺商組織漸漸在全球各地開枝散葉，1993年成立了「亞洲臺灣商會聯合總會」（簡稱亞

總），亞總除了成立「東協事務委員會」，深化與東協各國政商交流互動，也協助臺灣加入區域經濟整合。在國民外交方面，亞總在當地持續推動慈善活動，不吝於給予當地人許多生活上的救助（江永興 2014：4）。「亞總」會員國至今不斷增加，目前共有15國，[2] 涵蓋72個分會，成立至今已第26屆。從歷屆的總會長及組織幹部名錄中，1999年第7屆總會長新加坡臺商鍾仕達先生[3]，2016年第23屆總會長柬埔寨臺商江永興先生[4]，秘書長柬埔寨臺商彭仲年先生[5] 皆是在「亞洲臺灣客家聯合總會」（簡稱亞客總）擔任重要幹部的客家人。

鍾仕達在服務臺商的過程中發現，有不少臺商為客家人，並於2005年11月11日成立「新加坡臺灣客家同鄉聯誼會」。為聯誼海外客家鄉親情感，進而永續傳承客家文化，鍾仕達得到客家委員會的大力支持，並於2011年11月14日正式成立「亞洲臺灣客家聯合總會」。[6]「亞客總」由十個國家的臺灣客家社團組成，分別為馬來西亞臺灣客家同鄉聯誼會、菲律賓臺灣客家聯誼

---

2 印度德里臺灣商會、澳門臺商聯誼會、寮國臺灣商會聯合總會、柬埔寨臺灣商會、新加坡臺北工商協會、日本臺灣商會聯合總會、東京臺灣商會、日本關西臺商協會、九州臺灣商工會議所、香港臺灣工商協會、泰國臺灣商會聯合總會、馬來西亞臺灣商會聯合總會、菲律賓臺商總會、菲律賓臺灣工商會、越南臺灣商會聯合總會。資料來源：世界臺灣商會聯合總會官網：http://wtcc.org.tw/index.php/zh/affairs/latest-news/1653-25-3c（取用日期：2018/10/20）。

3 資料來源：http://astcc.org/asia/index.html（取用日期：2018/11/20）。

4 同時為「柬埔寨臺灣商會」名譽會長。

5 同時為「柬埔寨臺灣客家聯誼會」創會會長。

6 資料來源：客家委員會官網https://global.hakka.gov.tw/186/News_Content.aspx?n=AEF8BC592B362235&sms=CD9D5F28D0D74A39&s=7B0578BD68EED6AF（取用日期：2018/11/20）。

會、泰國臺灣客家同鄉會、柬埔寨臺灣客家聯誼會、香港臺灣客屬同鄉會、全日本崇正會聯合總會、印尼臺灣客家之友會、汶萊臺灣客家公會、越南臺灣客家聯誼會、新加坡臺灣客家同鄉聯誼會。籌組「亞客總」時，柬埔寨臺商彭仲年先生為副總會長，此組織集結來自臺灣且在亞洲各地發展有成的客籍企業家與專業人士，成為國際間深具影響力的臺灣客家聯誼組織。該會第2屆總會長章維斌先生為出身桃園市楊梅區的客籍企業家，亦曾擔任泰國臺灣客家同鄉會會長。目前第3屆總會長是由越南客家臺商張良彬先生擔任，而2019年10月則將由柬埔寨臺灣聯誼會創會會長彭仲年接任第4屆總會長。

由此可知，不論是亞總或是亞客總，在其中擔任要職幹部的客家臺商多有重複，在客家委員會的支持鼓勵下，「亞洲臺灣商會聯合總會」中不少客籍臺商成員自發性地自籌「亞洲臺灣客家聯合總會」，讓在異鄉打拼事業的客家鄉親能夠增進情誼、相互提攜，可見以臺商組織為基礎，應運而生的臺灣海外客家組織成為近年東南亞客家社團組織成立的新趨勢。

鑑於從臺灣移居或前往東南亞經商的客家人數日增，和上述新臺灣客家社團的成立和出現，本書特別對東南亞客家社團組織的探討，區分成「老華客」和「新臺客」兩類社團組織加以對照分析，以瞭解其間的同與異。

第 2 章　研究方法

張陳基、張翰璧

　　關於客家會館、組織與團體的研究相當的多。過去，這些研究多半是針對個別的組織團體進行詳盡的質化資料分析，從歷史背景、會務章程以及現況發展一一加以探討。例如，在不同時間點，對於客家組織團體進行觀察研究，並且專注其歷史演進與發展。或者，比較不同時期、不同歷史發展下的挑戰，並提出因應策略。這種貫時性的歷史研究，雖然可以清楚地分析個別社團組織的歷史發展，但是同時代社團組織之間的關係，卻經常被忽略。

　　這些社團組織多半具有相同的成立動機與性質，因此社團組織之間經常聯繫，舉辦活動時也會彼此協助或是參與彼此舉辦的活動，透過資源分享跟資訊交流，這些社團組織的發展也相互受到影響。因此，為了全面瞭解客家社團組織整體的發展脈絡以及趨勢，社會網絡分析法是一項必要的研究途徑。相對於歷史研究，社會網絡分析更專注於社團組織的社會關係；相對於個別社團組織研究，社會網絡分析更能夠進行跨組織分析；相對於質化研究，社會網絡分析能夠結合量化方法深入分析社團組織的社會網絡關係。因此，本書運用社會網絡分析法，蒐集跨國與老華客會館／新臺客社團的資料，進行客家社團組織的橫斷面研究

（cross sectional study），以期瞭解當代客家社團組織的整體性發展脈絡。

　　社會網絡分析特別注重的就是行動者跟行動者之間的整體關係，本書所研究之東南亞客家社團，依據其國家邊界、地理區域，抑或歷史發展等意涵界定母體範圍，包括新加坡、泰國曼谷、泰國南部、汶萊等區域進行客家社團全網絡法（full network methods）的普查。另外，馬來西亞與印尼等地區則因為受限於時間跟經費而採用雪球法（snowball methods）調查，從客委會原有的主要客家社團開始蒐集名單，再透過訪談持續開發新的客家社團訪談名單，雪球法的限制是可能會找不到沒有連結的行動者孤點（isolates），也無法保證找到母體中所有的連結個體，行動者的關係無法完整呈現，但仍然可以呈現特定區域部分的網絡特性與現況。本文所採用的分析概念主要可以分為三方面，首先是社會網絡內部的分析，針對所定義的區域範圍內中心性分析，主要是分析社團與社團間的網絡關係。其次是客家社團組織社會網絡的外部分析，以客家社團組織所連結的外部節點為主。最後是結構洞分析，探討客家社團分別佔據多少關鍵性的結構洞，也就是社團與社團之間聯繫的必要管道，象徵著這個社團在整體網絡聯繫中扮演著關鍵角色。

一、社會網絡分析

　　以社會網絡分析法進行客家社團組織的橫斷面研究，主要可以分為五個步驟：界定母體範圍、蒐集行動者與相關資訊、建立連結關係、進行網絡中心性分析、繪製社會網絡圖。

（一）界定母體範圍

首先，必須要界定客家社團組織的範圍、理論依據或實務意涵，研究對象的母體範圍可以是一個行政區域、地理區域，抑或是利用人口統計指標所界定的範圍。例如泰國南部是泰國主要地理分區之一。北與泰國中部地區以克拉地峽相連，西北鄰緬甸，西為安達曼海，東為泰國灣，南接馬來西亞。泰國南部地區共有14個府，主要民族有泰人、馬來人和華人，其中最南部的3個府（惹拉府、北大年府和陶公府）是泰國在1909年根據《英暹條約》自馬來亞取得，民族關係錯綜複雜，是一個具有歷史意義以及多元文化特色的母體範圍。

本書的研究範圍是以客家委員會海外客家網頁中的客家社團組織為基礎，並在實地訪談過程中增加新的研究對象，海外調查的時間自2017年6月22日起至2018年8月6日止，共訪談馬來西亞42個社團、印尼6個社團、新加坡10個社團、泰國曼谷7個社團、泰國南部6個社團、越南、柬埔寨各1個社團、汶萊3個社團以及大洋洲9個社團，共計85個客家社團組織（詳見附錄2）。

（二）蒐集行動者與相關資訊

上述的85個社團是社會網絡中的行動者，也是社會網絡分析法中的節點（Nodes），節點代表網絡中的不同的行動者與資源，並透過連結線（關係）或資訊傳遞的管道，串連起不同節點。根據社會網絡分析法的特質與研究目的，研究者在調查過程中，蒐集與客家社團組織相關的人物、事件、時間、地點與物品等資訊，並轉化成建立網絡關係的節點，繪製出不同類型的網絡

關係圖。所謂相關的人物，包含與社團組織有往來的社會賢達、政治領袖、商業人士等，這些人物通常能夠提供客家社團組織經營所需要的人力、物力、財力以及相關知識。事件，則包括客家社團組織內外的活動、會慶、歌唱比賽等等。時間，是指傳統民俗節慶時舉辦的活動，例如過年、端午節、清明節、中秋節等。相關的組織，則包括政府公部門、民間社團、企業或商業組織，以及血緣性的姓氏公會、地緣性的祖籍會館以及業緣性的商業公會等。地點，包括客家原鄉，例如廣東梅縣、蕉嶺、興寧、五華、平遠、豐順、大埔、惠州等。物品，指的是歷史文物資產等，但是在本研究中並沒有蒐集到相關物品的資訊。

　　不同節點資料的蒐集，目的是繪製不同類型的網絡圖，分析組織間的關係是透過那些節點進行資訊和資源交換，而資訊與資源的交換具體呈現出會館間的強弱關係，因此資料越完整越有助於網絡分析。整體而言，根據85個客家社團的資料，分析出東南亞客家社團社會網絡共有1,837個網絡節點，其中1,188個是組織節點、311個政商領袖與社會賢達節點、283個活動節點、55個地區或國家節點，社團組織間的關係多是透過彼此交流互動而產生。

（三）建立連結關係

　　蒐集完節點相關資訊，接著是瞭解節點與節點之間的關係路徑與強弱，這部分的資料必須透過訪談來加以瞭解並記錄。因此，本研究依據社會網絡法的特性，設計訪談大綱並實地拜訪會館進行調查。將每一個客家社團組織視為一個節點，透過調查或是訪談，瞭解「節點與節點」之間各種社會網絡關係的存在與強

弱。例如，我們詢問「在舉辦相關活動時，曾經和哪些社團合作？」、「會與哪些社團分享活動資訊或出版訊息？」、「在舉辦相關活動時會邀請哪些社團參加？」、「在推展會務或是會務運作時，如果遇到困難會去找哪些社團尋求建議或協助？」等問題，並以這些關係連結資料轉化成量化數據，進行社會網絡分析。分析結果所呈現的「關係」，或稱為「連結」的強弱，呈現出不同的類型，例如友誼關係、親族關係，以及社團組織中的橫向協調關係、垂直指揮關係等。

（四）進行網絡中心性分析

除了不同類型的社會網絡分析外，研究者也想知道那些社團在不同類型的網絡中，扮演重要的關鍵位置，希望可以藉由中心性的社團，建立和其他組織間的關聯性。運用社會網絡分析法的圖論、矩陣、資料處理以及統計學知識，從不同角度對社會網絡進行分析，包括中心性分析（Centrality Analysis）、叢集分析（Clustering Analysis）及結構洞分析（Structural Holes）等。

中心性主要是測量節點處於網絡中心的程度，並反映該節點在網絡中的重要性，在分析中心性時，會將節點鑲嵌於關係網絡中進行描述，聚焦在距離、中心性所構成的行動的侷限跟機會。與其他節點距離越近或是位於網絡的中心點，代表著可與其他節點接觸交流的機會越多，而且受到他人的限制越少，也就是社會網絡結構位置越佳。因此，中心性的分析主要是說明社會網絡中的權力關係，描述個人或組織在其社會網絡中的重要性與影響力。

雖然中心性分析可以瞭解不同社團在社會關係中結構位置的

優劣，以及影響力的強弱，但是不同的中心性有著不同的屬性，大致可分為點度中心性（Degree Centrality）、仲介中心性（Betweenness Centrality）以及接近中心性（Closeness Centrality）三個類型（Freeman, Roeder & Mulholland 1979）。點度（Degree）代表在這個社會網絡之中，節點或是節點擁有的機會跟選擇，也就是對於資源的取得，點度數值越高，表示有越多的選擇機會，可以從其他節點取得建立關係、或是資源交換的機會，此自主選擇機會也使得會館在網絡中免於依賴任何特定節點，以節點相互連結的數量多寡作為中心性高低的代表，中心性越高也表示會館對外的自主性越高。在交換資源與選擇與其他組織合作時，點度中心性高的會館較其他會館擁有更多的機會跟選擇，也就是連線越多，選擇權力越多。接近性（Closeness）是代表網絡中的節點能夠接近其他節點，並據以產生影響力的距離，以達到直接協商或交換資源，以節點之間的路徑長度作為代表，較邊緣的節點便會處於劣勢。仲介性（Betweenness）是節點具有仲介其他節點聯繫的能力，具有社會網絡居間聯繫的核心位置，處於節點與節點連結路徑中間的位置，便具有較高的仲介性（陳世榮 2013：164）。

（五）繪製社會網絡圖

社會網絡利用叢集分析，來瞭解非正式的派系關係，採用多元尺度法（non-metric multidimensional scaling），按照節點與節點之間的距離，將社團組織連線組合的相似性或差異，利用相鄰距離遠近，繪製成為網絡分布圖，以顯示不同客家社團組織彼此有多「接近」。當網絡中個人或組織之間的關係特別緊密，以至

於在網絡的整體結構中形成一個子集合，在這個子集合的行動者之間具有相對較強、較積極、較緊密的關係，這樣的子集合在社會網絡分析中被稱為次級團體（subgroup）或派系（cliques）。分析網絡中存在多少個派系、派系內部成員之間關係的特點、派系之間關係特點、一個派系成員與另一個派系成員之間的關係特點等，皆是叢集分析的重點。

社會網絡圖除了採用點度中心性瞭解節點與節點之間的權力關係，以及利用叢集分析瞭解節點與節點之間派系關係之外，更需要分析網絡中節點的結構位置關係。因為節點與節點之間的連結數量多寡以及關係緊密強弱，並不能完全說明行動者在整體網絡中的重要性以及影響力。因此，在繪製社會網絡圖進行分析時，還需要引用 Burt（1992）所提出的結構洞理論，用來詮釋社會網絡中之形勢優劣。結構洞分析以社會網絡中的結構與所處位置為分析重點，分析怎樣的網絡結構能夠帶給節點更多優勢。「結構洞」指社會網絡中的空隙，即社會網絡中某個或某些節點和有些節點發生直接聯繫，但與其他節點不發生直接聯繫，即無直接關係或關係間斷，在網絡整體結構中形成洞穴（Burt 1992），節點與節點之間若缺少直接的聯繫，則必須通過關鍵節點才能形成聯繫，佔據了結構洞的關鍵節點，在網絡中具有關係聯繫的優勢，在網絡中要廣泛聯繫其他節點，則需要佔據更多的結構洞。

最後，本研究將社會網絡連結矩陣依照非計量多元尺度法計算會館連結距離，並依向外度數（Out-degree）高低繪製節點大小，完成社會網絡圖繪製（Out-degree Based Social Network）。

二、網絡分析層次

（一）內部網絡分析

　　本研究的社會網絡分析主要分為兩個層次。首先是社會網絡內部的分析，針對所定義的區域範圍（國家或是地理區域）內客家社團組織中心性的分析，主要是分析社團與社團間的網絡關係。以新加坡為例，就是8個會館彼此之間的網絡關係，不涉及個別會館對外的組織或個人的聯繫。內部網絡的分析主要是使用中心性分析的概念，將節點鑲嵌於關係網絡，聚焦在網絡距離與中心性的現象描述。與其他節點距離越近，則代表社團的中心性越高，位於網絡的中心點代表著與其他節點接觸，或是交流的機會相對較多，而且受到的限制也較少。另外，透過點度中心性用來衡量客家社團網絡中，社會關係結構位置的影響力程度，透過客家社團與其相鄰社團的數量，來衡量社團在社會網絡中的區域中心程度，可藉此分析社團掌控的社會網絡區域大小與範疇，並分析社團之間資源相依的程度與連結強弱。

（二）外部網絡分析

　　客家社團組織社會網絡的外部分析，以客家社團組織所連結的節點為主，這些節點包括舉辦過哪些重要的活動、出版品、原鄉地區、經常聯繫的政治領袖、社會賢達、商業人士、政府公部門、民間社團、企業或商業組織。外部社會網絡代表著與客家社團組織經常聯繫的個人、組織或是活動，所呈現的社會網絡通常都是非常複雜，必須經過資料篩檢與正規化的過程。所謂的正規化是將這些節點的名稱統一，以便於統計出節點出現的次數，逐

步將資料精簡以獲取所需的資訊，以瞭解客家社團組織對外的資源連結分布與重要節點。然後利用點度中心性的連結程度多寡來進行資料逐步精簡，但由於這些個人、組織、活動、地區等節點都是以客家社團組織為連結中心，因此不適合用向外度數（Out-degree），改以向內度數（In-degree），也就是從客家社團組織「接收」的連結數。依照向內度數排序，將這些客家社團組織主動連結數量多的個人、組織、活動、地區等視為重要的節點。

（三）結構洞分析

結構洞分析則是利用網絡限制的指數（network constraint index）來觀察客家社團的關鍵角色分布狀況，網絡限制的指數數值介於0到1之間，表示會館與會館之間聯繫受限的程度，結構限制分數越高表示客家社團很難聯繫到其他社團，反之則代表會館要聯繫其他社團的自主性很高，也就是具有較多的結構洞，佔據了社團與社團之間聯繫的必要管道，象徵著這個社團在整體網絡聯繫中扮演著關鍵角色。值得注意的是，扮演關鍵角色的社團，不一定具有較多的連結關係，而是這些社團在整體網絡關係結構所處的戰略位置較佳，對外的聯絡關係所受的限制較少，也許連結的距離較遠，但終究能夠與某些特定的社團取得聯繫。

三、東南亞客家社團網絡類型

不同社會網絡的社會關係，會產生不同類型的社會網絡（Doreian & Stokman 1997），而社會網絡的分類方式，可區分為親屬關係、交往、友誼、相互支持、合作和同質性等，都是建

立社會關係的典型標準（Pujol, Sangüesa & Delgado 2002）。也有學者將管理者的社會網絡區分爲二種（Carroll & Teo 1996）：組織成員網絡（organizational membership networks）與核心討論網絡，組織成員網絡具有正式會員關係，而核心討論網絡則屬非正式會員關係，不同組織與組織之間的社會網絡關係可以利用中心性（centralized）與多元中心性（polycentric）這兩項特性來加以分類（Benini 1999）。由於過去研究很少對於社會網絡類型加以區分，但不同的網絡類型其所隱含的權力結構多所不同，本書特別針對組織層次的網絡類型進行分類，以組織與組織間的中心性程度、是否具備有正式會員關係以及是否具有組織派系等特徵加以分類。將客家社團社會網絡可分爲三種型態，第一級爲階層式社會網絡，具有組織階層性，且有正式團體會員關係；第二級爲集團式社會網絡，具有正式團體會員關係，組織間關係爲對等式；第三級爲無正式團體會員關係，組織間關係爲對等式，三種型態詳述如下。

（一）階層式社會網絡（Hierarchical Social Network）

指組織與組織之間具有權力核心的總會組織，且有正式會員關係，具有組織階層性，該團體組織或是區域有客家社團總會，對外聯繫主要是透過總會運作。以區域觀點分析，新加坡國內的客家會館網絡屬於階層式社會網絡，該國之客家會館有正式的會員組織，以南洋客屬總會爲運作核心，共有應和會館、惠州會館、茶陽（大埔）會館、豐順會館、永定會館、廣西暨高州會館、新加坡臺灣客家同鄉聯誼會與亞洲臺灣客家聯合總會等，對外的聯繫均以南洋客屬總會爲主。南洋客屬總會不僅是客家會館

的核心組織，同時也對外代表客家會館，南洋客屬總會的董事總共有50多位，其中有7個代表就是由7個創會會館提出的董事代表。以社團觀點分析，新臺客社團組織也屬於階層式社會網絡，權力核心的總會組織為亞洲臺灣客家聯合總會，其他所屬同鄉會為新加坡臺灣客家同鄉聯誼會、柬埔寨臺灣客家聯誼會、印尼臺灣客家聯合總會、泰國臺灣客家同鄉會、馬來西亞臺灣客家同鄉聯誼會、汶萊臺灣客家公會。亞洲臺灣客家聯合總會是新臺客社團組織的核心組織，同時也對外代表新臺客社團組織，新臺客社團組織的各國同鄉會會長為總會當然理事，總會長由理事互選之。

（二）集團式社會網絡（Clique Social Network）

指組織與組織之間有正式會員關係且有定期聚會，具有組織派系特徵的多元中心性，該團體組織或是區域中的組織會員彼此權利平等，不具有層級性。客家社團中有不同集團式組織，聯絡較為密集。以區域觀點分析，本書發現泰國曼谷的8個客家會館間有正式的組織，包含泰國客家總會、泰國豐順會館、泰國客屬商會、泰國大埔會館、泰國興寧會館、曼谷惠州會館、泰國臺灣客家同鄉會、泰國梅縣會館，所形成的網絡連結則是對等關係，彼此互稱兄弟會。以社團觀點分析，以祖籍為基礎的客家地緣社團，若是無設立總會，而有正式團體會員組織，則屬於集團式社會網絡，例如分散在各地所形成的嘉應會館集團，定期舉辦世界嘉應同鄉聯誼大會。

（三）對等式社會網絡（Peer to Peer Social Network）

指以區域爲範圍的客家會館所形成的社會網絡，組織與組織之間並無正式團體會員關係，但彼此之間互相有聯繫，該區域客家社團透過舉辦活動彼此相互來往，但無互相統屬的關係。例如，位處泰國南部的5個客家會館，合艾客家會館、豐順會館合艾聯絡處、合艾梅州同鄉會、合艾半山客會館與合艾惠州會館，會館之間並沒有正式團體會員關係，但是彼此仍有交流活動。

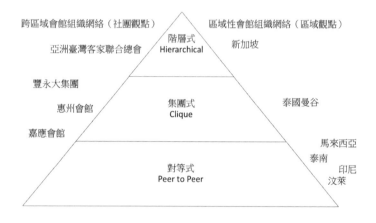

圖 2-1　東南亞客家社團網絡類型圖

四、結語

社會網絡分析法應用在客家社團研究有以下三點貢獻：首先，相對於過去客家社團組織多以歷史研究爲主，社會網絡分析內容則是以（當代）社會關係爲主。第二，社會網絡分析法分析的對象，是以研究範圍之內的整體社會網絡，以所有個體與個體

之間的關係為分析對象。相對於個案研究只針對個別客家社團組織進行主題研究，收集個案相關的資料，整理分析不同。社會網絡分析，以內部與外在關係為研究主軸，探討不同個案之間的相互關連，針對個案與個案之間的社會關係進行分析。第三，本研究以社會網絡的量化分析，結合質化研究方法，運用訪談作為資料蒐集方法。透過專家訪談，瞭解客家社團組織所牽涉到的節點所有集合，並且進行編碼，將節點與節點之間的強弱關係，結合圖論分析方法，將客家社團組織的社會關係繪製成網絡圖，研究其社會關係結構。

　　本研究的「社會網絡分析」觀點，是以橫斷面研究來檢視客家社團發展脈絡，在同一時間內對社團關係進行觀察與分析，發現客家族群網絡因構成要素的特質，包括正式聯盟組織關係、次級團體特徵以及組織間連絡頻繁程度等，而具有不同社會關係結構特色。階層式網絡的政治力較強，階層性的統屬關係源於公部門的要求，政府方便於管理。集團式與對等式網絡的社會、經濟成分較高，集團式網絡仍有中心與邊陲之分，但無公權力授權，彼此維持族群網絡，彼此之間社會經濟網絡的性質，一樣濃厚。相較之下，對等式網絡既無政治管理的設計，彼此也無中心邊陲之分，是一種典型的「有關係而無組織」的網絡。客家族群網絡特質之形成，與所處的政治經濟脈絡有關，也和建立社團的歷史脈絡有密切關係。

第 3 章　百年來客家族群網絡組織的
發展與變遷

張維安

　　長期以來，客家族群在廣大的華南地區生活，像大多數的其他人群一般，並沒有將客家族群作爲動員的理由，就像在自己的故鄉不必有同鄉會一樣，在自己的家鄉也不需要設立會館，不必組織客家團體。

　　客家族群網絡爲基礎的相關社會組織的成立，都和客家與其他族群互相接觸有關，可以說一切都要歸結到以族群互動爲起點。從 1850 年洪秀全在金田起義，或從在廣肇二府的咸同大械鬥開始算起，[1] 明顯的以客家族群網絡爲基礎的社會組織，最少有 5 個：客家大同會、香港崇正總會、南洋客屬總會、世界客屬懇親大會以及世界臺灣客家聯合會。太平天國固然屬於以客家族群網絡爲基礎的動員，不過不能屬於「社會團體」，本書並未將其納入討論。以下將依序討論百餘年來五次主要的客家族群網絡組織的發展：首先是客家大同會，其成立的原因與回應當時社會中的「客家非漢說」有關；香港崇正總會，則是移民香港的客家人，深感人在他鄉生活有團結的必要而組織；世界客屬懇親大

1　咸豐年間（1851-1861）。

會、南洋客屬總會和世界臺灣客家聯合會，所面臨的則是全球客家網絡與國族想像的議題。不同時代背景的5個組織，因應不同的情境而有發展性的調整，從族群身分的關心到國族想像的建構，都可見到客家族群網絡動員的身影。

一、客家大同會和崇正總會

（一）客家大同會

　　1900年代初期，當時的客家人為了反駁「客家非漢」的汙名論述，在清朝各地成立了客屬大同會，算是當時國內重要的客家團體之串聯先例。「1920年，上海商務印書館出版『世界地理』課本，該書在廣東省的敘述中有『山地多野蠻部落，如客家等是』字句，引起客方言人群不滿，北京、上海、廣州等地的客籍人士分別組織『客家大同會』向商務印書館提出抗議，要求更正」（林正慧 2015：111）。[2] 取名「大同」之意是因為不與漢族有所不同，客家族群「堅忍耐勞，賦有獨立之性質，所習又不與人同化，故土客之間，情感不無隔閡。吾人雅不欲與四萬萬五千之中華民族，各分畛域」（轉引自林正慧 2015：112-113）。[3] 大同會的主張合乎當時客家源流論所支持的客家中原漢人說之研究結論，「大同」就是主張客家和四萬萬五千之中華民族同為漢族。而後來所出版的《崇正同人系譜》，也指出想要證明客家漢

2　客系大同會主其事者為饒芙裳等，汕頭支部有專門宣揚客家文化的《大同日報》（林正慧 2015：111）。
3　陳承寬，《香港崇正總會30週年紀念刊》，頁3。

人與所有漢人爲「同一人群」的心願。基本的主張是：「其最切要者，在於源流一門。以能追索我同人世系源流，即可共悉我同聲者爲神明華夏」（轉引自林正慧 2015：113）。[4]「客家大同會」可視爲最早以整體客家族群網絡爲動員基礎的客家運動組織。

（二）崇正總會

香港崇正總會（崇正會館），於1921年成立。由當年任職香港大學中文學院（School of Chinese Studies）的賴際熙，以及多名僑商和客家聞人奔走努力，得以發揚光大。崇正會館是香港的客家人組織，也是世界上創辦最早、影響力大的客家社會組織之一。崇正會館原名「旅港崇正工商總會」，後感「工商」二字範圍太狹窄，不利於團結廣大客家鄉親，改稱「香港崇正總會」。崇正會館創辦初時以工商交流爲主，後來辦理有關慈善、教育及研究客家源流的工作。「崇正」之名所代表的就是「崇尚正義、正本清源」之意義，其對話的對象，似乎仍然停留在客家非漢的論述脈絡之中。1971年，該會50周年慶典時召開了首次「客屬崇正懇親大會」，被譽爲海外華人團結的新里程碑。「客屬崇正懇親大會」後來也被稱爲「世界客屬懇親大會」（或簡稱爲世客會）。[5] 從1971年到2018年，該會已經舉辦了47屆。

崇正總會和世界客屬懇親大會的知名度很高，彼此的關係也

---

4 羅香林，《香港崇正總會發展史》，頁6。
5 資料來源爲 https://zh.wikipedia.org/wiki/香港崇正總會（取用日期：2018/11/2）。

顯而易見。不過大家卻不一定明白「客家大同會」這個組織直接催生了「旅港崇正工商總會」。林正慧指出：廣州大同會到香港與當地客屬人士召開旅港客屬代表大會，除了響應北京、上海、廣州三個地方的客屬大同會向商務印書館提出交涉外，另一個影響就是支持李瑞琴的提議，於1921年組織成立「崇正工商總會」。這個組織沒有特別冠上「客家」兩個字，但不忘「崇正黜邪」，所以加上了「崇正」兩字。有了「客家大同會」之後，爲什麼在香港又要成立（旅港）「崇正工商總會」呢？從名稱上來看，除了繼續關心客家源流的議題之外，加上了當時香港所在地的環境所需，爲生存發展感覺到團結（客家）奮鬥的必要性。羅香林在《香港崇正總會發展史》中，對於成立「崇正工商總會」這個背景有清楚的說明：「我客屬人士，僑居香港以無統屬團體，常遭意外歧視」，「故非團結群力，振奮精神，不足以適應環境」（轉引自林正慧 2015：113）。[6] 這種現象和因與他者相遇，而從「自在的客家」發展到「自爲的客家」，有相同之處。從歷史上看來，客家意識和客家組織都不是在客家的原鄉發生，也不是在客家人口最聚集的地方發生，而是在客家邊區，在客家人數相對少，但與其他族群相遇較多的地區發生，這個現象和林正慧所指出的「客家邊區」的重要性，有異曲同工之妙。客家組織、客家意識都是在面臨客家族群生存議題時產生。

　　這個離鄉客居香港的客家人組織，就像檳城的嘉應會館一樣，移居在其他人群之間，加上人數相對較少的時候，容易感受

6　羅香林，《香港崇正總會發展史》，頁6。

到來自於其他人群的壓力，而思索團結共有的力量以圖生存發展。檳城第一個會館——嘉應會館，甚至是華人在海外的第一個會館，由客家人所建立的原因，和香港崇正工商總會設立的環境背景非常相似。這個推測，從該會章程可以得到支持：「本會以聯絡國內各地，及海外各埠同系人士，交換智識，振興工商業，興辦學校，共謀公益，考證源流，互助同人爲宗旨」（轉引自林正慧 2015：113）。[7] 香港崇正工商總會的基礎是一個以香港爲樞紐的族群網絡，名稱上的「崇正」一詞與客家族群身分有關，是關心客家正統（當時的重要議題），但卻又非以客家爲名的選擇，是族群身分的問題；崇正總會的第一要務，即是編考客系源流，以爲正本清源，「世系既明吾人爲中原貴冑，謠言自能消滅」。這段時間推舉了曾任清朝翰林的賴際熙擔任編纂主任，優先徵求崇正會員的族譜，終於編成崇正同人系譜（1927）。他們相信通過族譜考證源流之後可證明客家的源流。1930年廣東省建設廳發行的《建設週報》第三十七期刊載污辱客族文字時。崇正總會即議決選定代表並「檢附同人系譜兩部作爲考證文字上的協助，親赴廣東抗議」。

　　這個第二次的客家族群網絡組織——香港「崇正工商總會」，提出（客家）工商互助發展概念，其客家族群網絡的性質和大同會時期已經有所不同。「工商總會」則是關心客家族群的工商事業發展，是現實生存的問題。「崇正工商總會」的網絡，一開始就是一個聯絡海、內外的全球客家網絡。這從其主張「聯

7　羅香林，《香港崇正總會發展史》，頁20。

絡國內各地，及海外各埠同系人士」可知。

　　「崇正工商總會」在1926年更名為「崇正總會」。林正慧
（2015：257）指出：1925年香港工商崇正總會成員，認為組織
名稱帶有工商兩字範圍似乎太狹隘。1926年6月，正式更名為
「崇正總會」。其成立，對海外客屬的聯繫，以及客家意識向海
外推展的影響甚大。其中1926年崇正總會成立，至1971年召開
世界客屬懇親大會之間，跨域客家網絡的經營，呈現蓬勃的發
展，這方面的研究可參考張容嘉（2018）的論文。

二、南洋客屬總會

　　正當香港崇正工商總會籌備這幾年，南洋客屬總會也正在萌
芽之中，可說是第三個客家族群網絡動員的社團案例。其成立之
緣由是，「鑑於客屬同僑南來者日眾，散布區域日廣、人事交接
日繁，社會關係日密，非有大團結之組織，不足以聯絡感情，互
通聲氣，以收團結互助之效」（羅香林 1950：3；轉引自張容嘉
2019），其語氣與籌組香港崇正工商總會極為相似。1923年由
湯湘霖、何仲英等人所倡議籌組南洋客屬總會，其宗旨為「聯絡
同屬人感情，促進工商業之發展，舉辦慈善、教育、文化和公益
等事業」，接受客籍人士所開設之工商機構為「商號會員」（張
容嘉 2019），具有客家族群經濟網絡連結的特質。

　　南洋客屬總會之成立，客籍企業家的角色有密切的關係，胡
文虎是一位生於緬甸，祖籍福建省永定的客家人，東南亞華僑商
人。早年與弟胡文豹合創虎標萬金油、八卦丹、頭疼粉、清快
水、止痛散等。曾經創辦過《星洲日報》、《星島日報》、《英

文星報》、《星暹日報》與《星檳日報》（今《光明日報》前
身），是一位知名度很高的客籍企業家（張容嘉 2019）。

　　抗戰期間，胡文虎擔任香港崇正會與南洋客屬總會會長，在
南洋倡議客屬公會的建立，鼓勵新馬各地籌組客家公會，促成新
加坡南洋客屬總會成立。在原來以故鄉爲名的社團前面加上「客
屬」的動作，在客家族群型塑的過程中具有重要的意義，地方團
體跨越了地理的界線，整合到以客家爲名的族群團體中。某個角
度來說，這可以說是胡文虎客屬族群資本的動員，串聯起了跨地
域的客家社團網絡，以客家精神作爲旗幟，號召團結不同地域的
客家人，串聯起世界各地的客屬分會，從而建立起自己的商業王
國。有人說，他的永安堂藥網與星系報業集團確實扎根在客家人
的世界裡（李培德 2012：66；轉引自張容嘉 2019）。

　　1920 年代新加坡的星洲客屬總會成立，帶動馬來半島、婆
羅洲、暹羅、荷屬東印度群島等地的客家意識的發展。東南亞各
地的客屬會館在 1930 年代末如雨後春筍般出現，客家族群呈現
空前團結的現象，形成一個跨地域，結合社會與空間概念的「南
洋客屬」共同體。這個現象的發生，有人認爲跟共赴國難的族群
團結有關，不過似乎和 1936 年王斤役在上海《逸經》文史半月
刊的客家非漢論的發酵，有著密切的關係：該月刊的〈福建雲霄
之猺獞〉一文，指客家人屬猺獞民族，是狗頭王之後裔。此一言
論，激起各地客家社群的譁然，加強了南洋客屬總會與各地屬會
間的關係。總會於 1938 年，從香港訂印 1 萬本《客家研究導論》
運回南洋，宣傳他們所要建構的客家意識。馬來亞各地客屬同僑
紛紛致函總會要求應對，同時也開始意識到團結的必要性（《南
洋商報》1936.11.28，頁 5；轉引自白偉權、張翰璧 2018：

20）。

　　1936年前南洋客屬總會與大部分地區的客屬組織並無正式的從屬關係，1936年以後，在這個遇到關乎全體客屬同僑利益與尊嚴的事件時，星洲總會發揮了對於南洋地區的統整角色（白偉權、張翰璧 2018：20），成就了歷史上以客家族群動員爲基礎的重要社團：新加坡南洋客屬總會。

三、世界客屬懇親大會

　　世界客屬懇親大會，是一個全球客家族群網絡，從第1屆開始就具有強大能量的國際性網絡。從客家人群網絡集結的角度來看，這應該是第四次客家族群網絡的社會動員。如前所述，前面三次是：客家大同會、崇正總會與南洋客屬總會。

　　1971年9月29日，「崇正總會」50周年慶時召開了世界首次「客屬崇正懇親大會」，後來稱爲「世界客屬懇親大會」。從1971年的第1屆活動以來，已經有四十七年的活動歷史，每一次活動都聚集橫跨五大洲的客家人參加，可以看出客家人對於此次聚會的重視，也可以看出客家族群在國際舞台的動員能力。四十七年來世界客屬懇親大會的網絡可分爲幾個部分來分析，首先是全球客家網絡的形成，這部分指的是從全球客家族群分布的空間；其次是個人網絡資本的累積，指的是歷屆世界客屬懇親大會受任職務人的名單；第三是在國族想像下，世界客屬懇親大會活動性質的轉變。

（一）世界客屬全球網絡

　　2010年，張維安（2010）曾經估計世界各地的客家人口總計約6,357萬人，分布在全球五大洲，超過76個國家。其中，中國大陸共有5,457萬，臺灣有428萬（多重自我認定為臺灣客家人），其他世界各地約472萬人。雖然這些數字還是相當初步的估算，隨著研究的進展，相關統計將會有所異動，不過對於全球客家人口分布的想像還是有參考的價值。

　　歷屆世界客屬懇親大會的舉辦地點，和客家人口的主要分布區域有相當程度的關聯。雖然全球客家人口分布廣泛，但主要集中在中國、臺灣和東南亞。東南亞方面又以新加坡、馬來西亞、泰國和印尼最為重要。歷屆世界客屬懇親大會的舉辦地點也主要在中國、臺灣和其他亞洲國家，例如香港、馬來西亞、印尼分別辦過二次，其中馬來西亞將在2019年主辦第30屆客屬懇親大會，而成為舉辦過三次的國家。其餘的國家如日本、泰國、模里西斯則辦過一次，其中比較特別的是客家人口不是很多的美國舊金山，也辦過二次。詳細資料與說明及分布請參考表3-1（世界客屬懇親大會的舉辦年份、地點），及圖3-1（世界客屬懇親大會舉辦地點分布圖）。

（二）世界客屬懇親大會中的個人網絡[8]

　　第二個世界客屬懇親大會網絡，是以個人網絡為基礎的分析。所使用的資料是世界客屬懇親大會第1屆（1971）到第29屆

8　本節的資料分析與繪圖，由徐仁清先生協助處理，特此標明與致謝。

表3-1　世界客屬懇親大會的舉辦年份、地點（1-29屆）

屆次	時間	舉辦城市	屆次	時間	舉辦城市
1	1971	英屬香港	16	2000	中國福建龍岩
2	1973	中華民國臺北	17	2002	印尼雅加達
3	1976	中華民國臺北	18	2003	中國河南鄭州
4	1978	美國舊金山	19	2004	中國江西贛州
5	1980	日本東京	20	2005	中國四川成都
6	1982	泰國曼谷	21	2006	中華民國臺北
7	1984	中華民國臺北	22	2008	中國陝西西安
8	1986	模里西斯路意港	23	2010	中國廣東河源
9	1988	美國舊金山	24	2011	中國廣西北海
10	1990	馬來西亞沙巴亞庇	25	2012	中國福建三明
11	1992	中華民國高雄	26	2013	印尼雅加達
12	1994	中國廣東梅州	27	2014	中國河南開封
13	1996	新加坡濱海中心	28	2015	中華民國新竹
14	1998	中華民國臺北	29	2017	中國香港
15	1999	馬來西亞吉隆玻			

資料來源：https://zh.wikipedia.org/wiki/香港崇正總會（取用日期：2018/11/2）

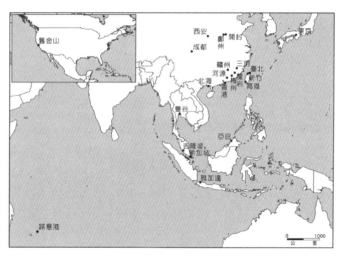

圖 3-1　世界客屬懇親大會舉辦地點分布圖（1-29 屆）

（白偉權製圖）

（2017），各屆任務導向職務的籌辦名單相關資料。

　　由世界客屬懇親大會籌備與承辦職務人員統計表得知，新出現的人物多數為當屆當地的承辦單位人員，而「職務人數」減「新出現的人物」所產生的「差額」，其實就是之前參與籌備且再被邀聘，成為新一屆的榮譽主席、名譽主席、顧問⋯⋯等人員的人數。1-29屆不管職務怎麼分配，就是這659人在籌備執行，大多數人不會參與下一屆的籌備。不過有聲望、有影響力的人物，往往不單單只是下一屆承辦單位會邀請其擔任顧問，甚至歷經很多屆都會邀請其擔任（各種）名譽職務，這就是本章所說的個人網絡，是個人的社會資本。各屆所累計的「差額」共219人，就是配額給各屆的名譽、榮譽及顧問職務數。

　　上述研究資料，利用社會網絡分析（Social Network Analysis, SNA），將世界客屬懇親大會第1-29屆，659位人物職務關係視覺化，匯入SNA自由軟體Gephi分析繪製，總計659 Nodes，關係線段17,437 Edges，如圖3-2（第1-29屆，659位人物職務節點圖）。

　　由圖3-2所示，節點與人物姓名越大代表在這些時間裡扮演的角色越重要。圖中顯示受任名譽、榮譽職務最多屆的為吳伯雄（12屆），其次是10屆的曾憲梓、9屆的黃石華、8屆的薛岳、7屆的李金松和翁鈐，再下來是6屆的熊德龍、邱鏡淳、劉盛良、黃國書與余俊賢。至於翁鈐、薛岳的節點不大，那是因為分析製圖時，把該屆參與的職務人數權重給考量進去，該屆如果職務人數越多，他們有參與該屆，影響力就會加重。

　　由Gephi所繪製的659位人物職務關係圖，本研究發現並不是每屆的所有承辦人都會全數移轉至下屆；有移轉的多是顧問

圖 3-2　第 1-29 屆，659 位人物職務節點圖

（徐仁清繪圖）

職，當屆承辦團隊會聘用上屆擁有執行經驗的承辦人員做顧問，
但不會連續三屆以上。圖3-2中整團小黑字的圖塊，他們是各屆
的當地承辦團體，只有少部分人會被下一屆聘爲顧問。而一些聲
望極高的重要人物，雖然活動業務已經移轉到鄰省、他國，但是
仍然可能繼續受到邀請，持續產生跨區、跨國的影響力，大字所
顯示的「大人物」之社會影響力大多具有跨域的特質，也就是世
界級的影響力。

（三）客屬懇親大會與國族想像

　　早在世界客屬懇親大會第二次會議在臺北召開之時，客屬懇
親大會便被當時的國民黨政府寄予厚望。1971年世界客屬懇親

大會首次召開。1973年在臺北召開第2屆世界客屬懇親會議之時，在臺灣的中華民國政府正面臨嚴峻的外交考驗，在臺北另立世界客屬總會有助於吸引世界各地客屬社團參與「總會」，增加政府的影響力。於是在舉辦第2屆客屬懇親大會時，即決議在首都臺北另外成立「世界客屬總會」，引發了世界客屬總會與崇正總會的正統之爭。張容嘉（2018：100）指出，「當時港方崇正總會甚至組織維護傳統小組，抗議大會會議程序不合規範。一直以來一心爭取崇正會作爲世界客屬團體之『總會』的黃石華，更在1998年另外組織『全球客家·崇正會聯合總會』」。從這個事件中可以理解當時正面臨嚴肅外交考驗的中華民國政府對於世界客屬總會的期待，認爲它有助於吸引世界各地客屬社團參與「總會」，增加政府的影響力。

　　這個企圖心在接下來的幾年中，有更進一步的表明和發展：原訂1975年由泰國舉辦第3屆世界客屬懇親會議，「後因爲泰國國內政治情勢不安，因此延期至1976年由臺北接辦第三次世界客屬懇親大會」，「世客總會理事長翁鈐在懇親大會上的大會報告，直接闡明世界客屬總會成立目的就是爲了要『做政府的後盾』。不僅如此，世界客屬總會更在會議中提案建議『加強連絡世界客屬同胞，團結國內外中華兒女，一致擁護政府及時光復大陸，復興民族，重奠世界和平基礎』」（張容嘉 2018：100）。該次大會更決議發表了〈世界客屬懇親大會共同宣言〉，申明：「我們都是『客家人』，中華民族的皇帝子孫，今天分別由世界各地來到自由祖國——中華民國中央政府所在地臺北市，舉行世界客屬第三次懇親大會……現經大會全體一致議決通過，揭櫫下列各要項：1. 我們要率同子弟親友，隨時響應祖國政府號召，奮

勇擔起光復祖籍大陸、消滅中國共產黨、拯救同胞的時代責任。
2. 我們要發揚中華文化，努力民族大團結，善用各種關係，加強
對外友好，以增進對我國國情國策之瞭解與贊助。」（世界客屬
總會秘書處 1976：90；轉引自張容嘉 2018：101）。政治宣示意
味濃厚的第 3 屆世界客屬懇親大會，反映著當時的國民黨政府很
需要僑胞的支援，具有中原正統源流客家社團的支持特別有意
義。

　　雖然崇正總會曾經是長時期支持國民黨政府的重要僑團，不
過隨著局勢的改變，特別是國族想像的變化，香港崇正總會的立
場也有明顯的調整。1997 年黃石華率領的香港崇正會訪京團，
得到中國國務院方面的建議，於 1998 年在香港成立「全球客
家・崇正會聯合總會」，「全聯會」成立後於 2000 年年會，籌
備成立「全球客屬促進中國和平統一聯盟」，於 2001 年舉行
「全球客家促進中國和平統一大會」，接下來在 2002 年、2003
年、2004 年都有由「全聯會」發起的反「臺獨」促「統一」的
活動。[9] 香港崇正總會作為一個客家社團，在政治立場上有了新
的選擇，與臺灣今天的民選主流思想漸行漸遠。

　　相同的，世界客屬懇親大會也有相似的發展趨勢。周建新
（2010）指出「1994 年起參加（世界客屬懇親大會）的社團和
代表一屆比一屆增加，規模一屆比一屆大，內容越來越豐富，檔
次越來越高，每屆召開之際，都受到國家以及承辦社團所在省市
的高度重視，一些國家的政要人物還親臨大會」（周建新

9　〈全球客家崇正會聯合總會〉，《客家聯盟》。http://www.kejialianmeng.com/
　　portal.php?mod=view&aid=5213（取用日期：2018/11/4）。

2010）。特別是2005年10月在四川成都舉行的世界客屬第20屆懇親大會，「中共中央政治局常委、全國政協主席賈慶林發來賀信，希望『海內外客屬鄉親繼續發揚中華民族的傳統美德，加強聯繫、溝通感情、增進友誼，一如既往地關心支援中國的建設和發展，為實現祖國的完全統一和中華民族的偉大復興，作出新的更大的貢獻』」（周建新 2010）。世界客屬懇親大會「被地方政府和國家力量策略性利用」的痕跡至為明顯。對地方政府而言，「所謂『打客家牌』，就是利用海外客籍華僑華人這個跨國文化共同體的文化認同和家鄉情結，以客家認同為紐帶，以吸引客家富商前往投資」。而「國家之所以參與到世界客屬懇親大會，主要是試圖通過世界客屬懇親大會這個橋樑和紐帶，策略性地運用於統戰、統一的國家政策，維護國家主權和領土的完整和統一這個更大範圍的秩序中來」（周建新 2010）。

從在廣東梅州舉辦的第12屆（1994）世界客屬懇親大會起，大陸客家開始積極而廣泛地參與世界客屬懇親大會。根據我們的統計，1994年至2017年共舉辦十八次世界客屬懇親大會，其中1994、2000、2003、2004、2005、2008、2010、2011、2012、2014年共十屆都在中國大陸舉辦，相對的只有1998、2006、2015年三屆在臺灣舉辦。2017年在香港舉辦的客屬懇親大會，臺灣只有「世界客屬總會」出席，而執政的「客家委員會」並沒有派員出席。顯示出世界客屬懇親大會與當前臺灣民選主流客家機關的距離。

四、世界臺灣客家聯合會[10]

如前所述，世界客屬懇親大會，從成立初期便與國民黨政府有緊密的關係，不過從1994年中共政府積極介入，中國各地密集舉辦客屬懇親大會之後，國民黨政府與世界客屬懇親大會的關係漸漸轉變。香港崇正總會也不再扮演中華民國政府光復大陸的「後盾」。近年來隨著臺灣民主化的進程，在這兩個曾經推動全球客家連結的社團之外，以臺灣為中心的客家社團網絡逐漸成形，在原來的世界客屬懇親大會外，興起一個以臺灣客家網絡為基礎的全球性客家組織——世界臺灣客家聯合會，可視為第五次以客家族群網絡為基礎的組織動員。

世界臺灣客家聯合會（簡稱世臺客聯）（Taiwanese Hakka Association of the World, THAW）。該會之宗旨如下：

> 發揚客家文化，提振客家意識。促進客家族群團結及合作。關
> 心臺灣自由民主化，爭取客家及少數族群權益。增進臺灣人民
> 之和諧團結，維護臺灣主權，提高臺灣之國際地位。[11]

世界臺灣客家聯合總會於1997年在美國達拉斯創立，首任會長為楊運貴。於2013年，邀歐洲臺灣客家聯合會加入，並與

---

10 感謝黃信洋博士提供臺灣客家聯合會、美洲客家臺灣聯合會及歐洲客家聯合會的活動資料。感謝白偉權博士繪圖。特此說明並致謝。

11 「世臺客聯」（THAW）。http://taiwaneseamericanhistory.org/blog/thaw/（取用日期：2018/11/5）。

美洲臺灣客家聯合會，輪流舉辦「全球臺灣客家懇親大會」，[12] 其名稱與氣勢可比擬「世界客屬懇親大會」。

（一）美洲臺灣客家聯合會

就目前的資料來看，世界臺灣客家聯合總會包括美洲臺灣客家聯合會、歐洲客家臺灣聯合會，以及亞洲臺灣客家聯合會。其中，「美洲臺灣客家聯合會（簡稱美臺客聯）」（Taiwanese Hakka Associations of America，簡稱THAA），原名為「全美臺灣客家會」，係由楊貴運教授及十多位客家菁英聯合在1988年於洛杉磯發起組成，而後於2007年，改為「美洲臺灣客家聯合會」。[13] 歷屆美洲臺灣客家聯合會年會相關資料如表3-2，歷屆美洲臺灣客家聯合會年會分布圖，請參考圖3-3。

表3-2　歷屆美洲臺灣客家聯合會年會

屆別	年度	地點	參與人數	承辦單位	主題
1	1993	德州加維斯頓	200多人		客家人的危機與轉機
2	1995	加州聖荷西	350人	北加州臺灣客家會	促進族群和諧及提升社會參與
3	1997	德州達拉斯	450人	達拉斯臺灣客家同鄉會	21世紀新客家
4	1999	南加州洛杉磯	600多人	南加州臺灣客家會	新客家人的展望——政黨輪替

12　「世臺客聯」（THAW）。http://taiwaneseamericanhistory.org/blog/thaw/（取用日期：2018/11/5）。

13　客家委員會赴美國參加「2017全球客家文化會議暨臺灣客家懇親大會在美洲」出國報告（2017年）。

5	2001	新竹	2,000 多人		貴客盈門、文化增彩
6	2005	巴西聖保羅	1,000 多人		認客家親、結客家緣
7	2007	加州聖荷西	500 多人	北加州臺灣客家會	客家臺灣人的新契機與挑戰
8	2009	加拿大多倫多		多倫多臺灣客家同鄉會	客家本色、創藝風華
9	2011	德州休斯頓	200 多人	休斯頓客家會	客族源一脈、家風振五洲
10	2013	伊利諾州芝加哥	數百人	中西部客家同鄉會	心懷桐花、擁抱天下
11	2015	紐約	300 人	大紐約客家會	客家親、臺灣情
12	2017	南加州	600 多人	南加州臺灣客家會	臺灣心、客家情

資料來源：黃信洋（2018：35）

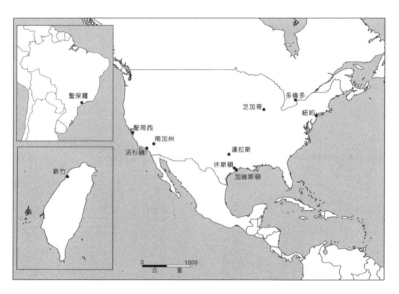

圖 3-3　歷屆美洲臺灣客家聯合會年會分布圖

（白偉權繪圖）

（二）亞洲臺灣客家聯合總會

「亞洲臺灣客家聯合總會」之成立，係爲響應推廣客家文化語言及傳承，發揮客家精神並強化與國際客家連結，於2011年在臺北成立。[14]「亞洲臺灣客家聯合總會」由馬來西亞臺灣客家同鄉聯誼會、菲律賓臺灣客家聯誼會、泰國臺灣客家同鄉會、柬埔寨臺灣客家聯誼會、香港臺灣客屬同鄉會、全日本崇正會聯合總會、印尼臺灣客家之友會、汶萊臺灣客家公會、越南臺灣客家聯誼會以及新加坡臺灣客家同鄉聯誼會組成；並以增進各族群情誼、發揚客家忠義精神、爭取客家權益、研究發揚客家文化及推展公益事務活動等爲創會宗旨。[15] 從表3-3（歷屆亞洲臺灣客家聯合總會相關活動）來看，其活動的地點主要集中在臺北、新加坡和泰國的曼谷。

表3-3　歷屆亞洲臺灣客家聯合總會相關活動

時序	年月	地點	活動名稱	備註
1	2011.07	臺北	亞洲臺灣客家聯合總會成立大會	1. 成員國爲新加坡、泰國、印尼、馬來西亞、菲律賓、越南、汶萊、柬埔寨、日本、香港等十個國家及地區所組成之洲際臺灣客家同鄉聯誼之社團。 2. 新加坡臺灣客家同鄉聯誼會鍾仕達先生爲第一任總會長。

14　客家委員會赴泰國參加「亞洲臺灣聯合總會大會」、「泰國臺灣客家同鄉會大會」出國報告（2016年）。

15　「亞洲臺灣客家聯合總會懇親大會」。http://cloud.hakka.gov.tw/Details?p=77360（取用日期：2018/11/5）。

2	2013.04	新加坡	2013 年懇親大會、理監事聯席會議暨文化活動	1. 150 位客屬人士與會。 2. 客家委員會黃玉振主委成爲榮譽會員。 3. 成員社團包括：馬來西亞臺灣客家同鄉聯誼會、菲律賓臺灣客家聯誼會、泰國臺灣客家同鄉會、柬埔寨臺灣客家聯誼會、香港臺灣客屬同鄉會、全日本崇正會聯合總會、印尼臺灣客家之友、汶萊臺灣客家公會、越南臺灣客家聯誼會以及新加坡臺灣客家同鄉聯誼會。
3	2014.10	新加坡	亞洲臺灣客家聯合總會 3 周年慶暨第 1、2 屆總會長交接典禮	
4	2015	臺灣	亞洲臺灣客家文化訪問團	1. 一行十國共 39 人，拜會中華民國中央和地方政府。 2. 參加世界客屬第 28 屆懇 親大會與 2015 全球客家發展會議。
5	2016	臺灣	亞洲臺灣客家訪問團	1. 一行十國共 35 人，拜會中華民國中央和地方政府。 2. 參加 2016 海外客家社團負責人諮詢會議。
6	2016.12	曼谷	亞洲臺灣客家聯合總會 2016 年會及第 2 屆第 3 次理監事聯席會議暨亞洲客家論壇大會	1. 總共有數百名客屬人士與會，爲歷年參與人數最多的一次。 2. 爲響應「新南向政策」，本次活動特別舉行了一場亞洲客家論壇「臺灣新南向政策與亞洲客家產業之連結」。
7	2017	臺灣	亞洲臺灣客家聯合總會國慶慶賀團	1. 拜會中華民國中央和地方政府。 2. 參與世界臺灣客家聯合總會張永西會長請益議會。

資料來源：黃信洋（2018：34）

（三）歐洲臺灣客家聯合總會

歐洲臺灣客家聯合會第1屆年會於2008年於西班牙馬德里召開。外交部、僑委會、客家委員會都派員參加，第1屆年會達成多項決議，包括加強旅居海外的臺灣客家鄉親的聯繫，同時呼籲全國同胞支持中華民國臺灣的民選政府，共渡經濟難關，共謀全民福祉。[16] 此後每兩年召開一次年會：第2屆在德國法蘭克福、第3屆在奧地利維也納、第4屆在法國巴黎、第5屆在英國倫敦，第6屆年會暨世界海外客家懇親大會於2018年在西班牙馬德里辦理。2018年的特色之一是第2屆「客家青年國際事務訪問團」參與服務。歷屆歐洲臺灣客家聯合會暨全球臺灣客家懇親大會，請參考表3-4；其活動地點的空間分布圖，請參考圖3-4。

表3-4　歷屆歐洲臺灣客家聯合會暨全球臺灣客家懇親大會

屆別	年度	地點	參與人數	承辦單位	主題
1	2008	西班牙馬德里	100多人	西班牙臺灣客家會	第1屆年會
2	2010	德國法蘭克福	100多人	德國臺灣客家會	第2屆年會暨全球臺灣客家懇親大會
3	2012	奧地利維也納	332人	奧地利客家會	第3屆年會暨全球懇親大會
4	2014	法國巴黎	327人	法國臺灣客家會	第4屆年會暨全球懇親大會
5	2016	英國倫敦	約300人	英國客家協會	第5屆年會暨全球客家懇親大會
6	2018	西班牙馬德里	270多人	西班牙臺灣客家會	第6屆年會暨世界海外客家懇親大會

資料來源：黃信洋（2018：35），作者修改主題欄。

16　「歐洲臺灣客家聯合會介紹」。https://global.hakka.gov.tw/149/cp.aspx?n=46DB2B9D003E6298（取用日期：2018/11/5）。

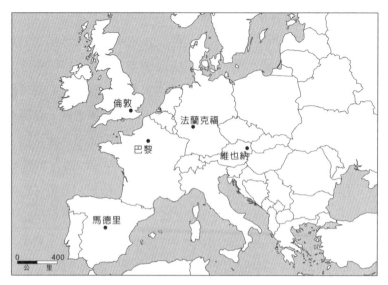

圖 3-4 歷屆歐洲臺灣客家聯合會暨全球臺灣客家懇親大會分布圖 (白偉權繪圖)

五、結語

　　客家族群具有全球分布廣和凝聚力強的特質，在這個與其他族群相逢、共處的脈絡中，除了族群邊界的張力外，其中客家士子和商人扮演了很重要的角色。沒有客家士子的論述將無客家族群想像的基礎，在離而不散的過程中沒有客家族群文化的論述，就不可能有客家想像社群的基礎，更不可能有以客家族群網絡為基礎的社會組織。商人，特別是客籍商人也是客家社會組織的支柱，由於經費開銷的需要，常見會館和社會團體的各種捐獻和募款。有時，以客家族群網絡為基礎的社會組織，也會具有經濟功能，客商支持客家社會組織也一定程度的影響客家社會組織。客

家士子和商人可以密切合作，羅香林和胡文虎的合作是一個典範。本文所討論的次客家族群網絡組織都具有客家士子和商人共同努力的特色，而客家士子之中，有不少是社會意見的領袖或從事公職的政治人物。

客家大同會精神仍在，並且由實體走向虛擬世界，有臉書、有影視中心，也有優酷頻道。香港崇正總會也還實體的存在，不過根據上一次田野考察的理解，搬到新的辦公地點之後若干年，仍未正式開張運作，已經不再有當年的社會影響力。世界客屬懇親大會的影響力日益增加，周建新（2010）有一段觀察頗貼近現實：「隨著世界客屬懇親大會的影響力越來越大，政府、知識份子、外界投資者等的介入，打破了原先同質性的場域，產生了不同的場，每個場的行動主體按照各自的行為邏輯進行活動，使世界客屬懇親大會由一個單純的客屬聯誼活動，成為一個不同行動主體的、參與的、多元的、異質的、扭結的場域，呈現於世界客屬懇親大會的申辦、籌備、舉辦等每個環節。世界客屬懇親大會這種鄉土性、族緣性的傳統文化資源不僅被客家人所利用，亦被地方政府（不管是客家省市還是非客家省市）甚至國家政權策略性利用」。客家族群全球性分散卻又頻繁聯繫互動的特質還在，只是關心的議題不盡相同。

以臺灣為中心的世界臺灣客家聯合會，除了「美洲臺灣客家聯合會（簡稱美臺客聯）」外，都是在臺灣成立客家委員會之後才逐漸地出現，具有清晰的臺灣使命。不過這個組織不是只有政治的想像，而是有更多的文化使命，對於客家文化推廣、語言的復興、藝文活動、客家美食都有相當的投入。

第 4 章　老華客與新臺客社團組織族群化比較

張翰璧、張陳基

　　本章將針對不同類別的客家社團組織進行分析，首先，以全體85個客家社團進行社會網絡分析（見下表4-1）；接著，分析以「老華客」為基礎的77個客家社團，老華客社團中的「大埔」、「惠州」、「嘉應」等以原鄉為名的客家社團組織，及以「客家」為名的社團（例如南洋客屬總會）間的關係。接著，分析「新臺客」為基礎的客家社團網絡，共有7個臺灣為基礎的客家聯誼會。85個客家社團中的澳洲帝汶留臺同學會，因為組織成員的多元性，不適合放在新臺客或是老華客的分類內，不會納入這兩種類型的社團網絡中分析。

表4-1　受訪社團數量表

組合分析	社團數	網絡節點數
全體客家社團	85	1837
老華客	77	1746
新臺客	7	131
以客家為名	36	912
非以客家為名	49	1230
大埔會館	10	261
惠州會館	10	477
嘉應會館	6	279

一、全體客家社團社會網絡

　　本書針對 85 個客家社團組織，分別詢問其經常舉辦的活動、聯繫或合作的單位組織、政商領袖與社會賢達，以及與社團有互動關係的國家或是地區等。在網絡圖中，矩形代表組織，圓形代表政商領袖與社會賢達，菱形代表活動，三角形代表國家或地區。整體的東南亞客家社團社會網絡共整理出 1,837 個網絡節點，其中 1,188 個節點是組織、311 個節點是政商領袖與社會賢達、283 個節點是活動、地區或國家的節點則是 55 個。

　　本書也針對社會網絡關係中的結構洞（Structural Hole）、向內度數（In-degree）、向外度數（Out-degree）進行分析，In-degree 是指這個節點被其他節點提到的次數，In-degree 次數越高，代表某個活動經常被舉辦，或是某個會館經常受到其他會館的邀請或被其他會館請益，代表這個節點在網絡中的受重視程度。Out-degree 代表某個節點提到其他節點的次數，在本書中只有被訪問的會館才有 Out-degree 值，次數越高則代表這個社團經常舉辦活動或是對外聯繫，顯示社團經營的積極度。若論在網絡中的重要性，In-degree 通常要比 Out-degree 來得重要。

　　結構洞（Structural Hole）則是代表佔據關鍵聯繫位置的多寡，利用網絡限制指數（network constraint index）來觀察佔據結構洞的多寡，網絡限制指數數值介於 0 到 1 之間，表示社團與社團之間聯繫受限的程度，社團聯繫可以透過社團間直接的聯繫，也可以經由活動、政商領袖而產生間接聯繫，結構限制分數越高表示很難聯繫到其他客家社團，結構限制分數越低則代表客家社團要連繫其他社團的自主性很高，也就是具有較多的結構洞

（Burt 1992）。結構洞代表社團與社團之間聯繫的必要位置，結構洞越多象徵著這個社團在整體網絡聯繫中扮演著重要角色，有時候雖然對外的連結很多，但卻不一定擁有較多的結構洞，唯有社團可以連結到不同的節點，或是佔有其他社團無法連結到的節點，結構洞才會越多。

　　根據本研究訪談，85個客家社團中，擁有社會網絡結構洞最多的前20名，依序為馬來西亞惠州會館聯合會、新加坡河婆集團、印尼惠潮嘉會館、霹靂嘉應會館、柔佛州河婆同鄉會、檳城惠州會館、柔佛烏魯地南客家公會、森美蘭客家公會聯合會、沙巴暨納閩聯邦直轄區客家公會聯合會、雪隆惠州會館、柔佛昔加末客家公會、亞洲臺灣客家聯合總會、新加坡惠州會館、柬埔寨臺灣客家聯誼會、越南胡志明崇正總會、柔佛笨珍客家公會、澳洲紐省客屬聯誼會、新加坡豐順會館、新加坡南洋客屬總會、柔佛峇株巴轄客家公會。就目前所取得的調查資料來看，馬來西亞惠州會館聯合會所佔據的結構洞最多，也就是說，它可能掌握了與其他社團組織聯繫的重要網絡，而且這些網絡可以連結不同的客家社團，馬來西亞惠州會館聯合會在整體網絡結構中扮演了重要的角色。

　　在向外度數（Out-degree）的數值分析上，是以社團為主體，代表對外連結的絕對次數，向外度數前10名分別為柔佛昔加末客家公會、馬來西亞惠州會館聯合會、柔佛州河婆同鄉會、檳城惠州會館、馬六甲惠州會館、昆士蘭客家會、馬六甲茶陽會館、沙巴暨納閩聯邦直轄區客家公會聯合會、隆雪河婆同鄉會、雪隆惠州會館。可以發現柔佛昔加末客家公會是一個積極對外經營的客家社團，同時也掌握了重要的客家社團網絡連結，在客家

社團組織之間的互動連結扮演重要角色。

　　整體而言，馬來西亞的客家社團對外連結都比較多，也擁有較多的網絡節點的位置，主要因為馬來西亞是華人社團總數以及客家社團數量最多且最多元（緣）的國家，除了與在地社團連絡外，幾乎所有的客家社團都會加入一個或以上的省級（或跨省級）的聯合團體，譬如廣東會。因此，社團的網絡節點也就比其他國家來得多。

　　在向內度數（In-degree）的數值分析上，以組織、人物、活動、地區等為主體，計算這些節點被提及的次數，向內度數前十名的節點分別為臺灣客家委員會、會員大會、會慶、紀念特刊、新加坡南洋客屬總會、中秋節、砂拉越晉漢斯省大埔同鄉會、馬來西亞客家公會聯合會、砂拉越河婆同鄉會、新春團拜。其中活動節點包括會員大會、會慶、出版紀念特刊、中秋節以及新春團拜等活動，這些活動係由各社團自行舉辦且為共同性的活動，大部分的客家會館都有出版紀念特刊、舉辦會員大會、會慶與新春團拜，中秋節也是客家社團都會舉辦慶祝活動的傳統節慶。組織節點包括臺灣客家委員會、馬來西亞客家公會聯合會、砂拉越晉漢斯省大埔同鄉會、新加坡南洋客屬總會以及砂拉越河婆同鄉會都是其他客家團體積極主動聯繫的組織。客家委員會可以經由In-degree較高的客家社團組織作為主要聯絡對象，參加其舉辦的會員大會、會慶、新春團拜與中秋節活動，或是在特刊上刊登廣告，成為客家社團重視的核心節點。若是拓展客家委員會的網絡關係，則以結構洞多且Out-degree較高的社團為主，因為這些社團通常重要又積極地向外聯繫。

　　綜合上述結構洞、向外度數、向內度數分析，由於節點數過

多，顯示不易，依照結構洞指標Contrains<1.0的標準列出節點，並將結構洞指標Contrains<0.106的節點設為黑點，視為重要的結構洞社團，請詳見下頁網絡圖4-1，可以發現新加坡南洋客屬總會掌握了社團網絡中重要且關鍵的連結，同時也受到其他社團的重視。臺灣的客家委員會雖然不屬於客家社團組織，但是在整體東南亞客家社團組織網絡中是客家社團最積極主動聯繫的組織單位，在結構洞的排名也在前30名之列，代表著臺灣的客家委員會屬於重要的網絡連繫窗口，掌握重要的社會網絡的連結管道。

二、老華客社團社會網絡

老華客社團組織共有77個，利用社團網絡結構洞來觀察老華客社團網絡相對的關係，老華客社團社會網絡總共有1,746個網絡節點。根據結構洞的多寡，前20名依序為馬來西亞惠州會館聯合會、新加坡河婆集團、印尼惠潮嘉會館、霹靂嘉應會館、柔佛州河婆同鄉會、檳城惠州會館、柔佛烏魯地南客家公會、森美蘭客家公會聯合會、沙巴暨納閩聯邦直轄區客家公會聯合會、雪隆惠州會館、柔佛昔加末客家公會、新加坡惠州會館、越南胡志明崇正總會、柔佛笨珍客家公會、澳洲紐省客屬聯誼會、新加坡南洋客屬總會、新加坡豐順會館、墨爾本客家聯誼會、柔佛峇株巴轄客家公會、隆雪河婆同鄉會，表示這20個客家社團都佔據了重要的聯繫位置。

馬來西亞惠州會館聯合會在老華客社團的社團網絡連結中所佔據的結構洞很多，就現有的調查資料來看，是連結老華客社團的重要節點。值得注意的是如果排除本書所訪談的客家社團，結

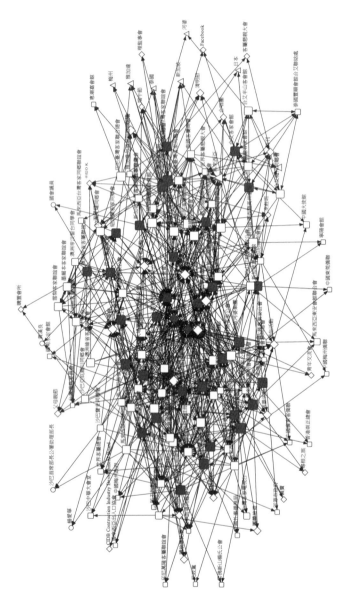

圖 4-1 全體客家社團社會網絡

構洞最多的單位組織為臺灣的客家委員會、馬來西亞社團註冊局、世界客屬懇親大會、中國大使館、馬來西亞東安惠館聯合會等組織，表示這些單位也掌握了客家社團重要的聯繫位置。老華客社團的結構洞分布狀況與全體客家社團比較，差別在於亞洲臺灣客家聯合總會、柬埔寨臺灣客家聯誼會在全體客家社團中佔據較多結構洞，而墨爾本客家聯誼會與隆雪河婆同鄉會在老華客社團的社會網絡連結中，所佔據的結構洞也很多，也就是說要建構老華客社團之間的互動連結，要重視墨爾本客家聯誼會與隆雪河婆同鄉會。

馬來西亞惠州會館聯合會（惠聯）是所有客家總機構中最為積極的，可能是領導人的關係，它是客家總機構中唯一成立「會外會」的聯合會（所謂的會外會就是它成立了商會組織），目前是彭亨州輪值，而彭亨州又是中國一帶一路戰略的其中一個投資據點，可能是因為這個因素，使得惠聯變得非常活躍，而其所佔據的結構洞是大多數社團無法連結到的節點。也正因為惠聯積極對外經營，因此許多社團組織唯有經由惠聯才能夠聯繫到，因此惠聯在整體老華客社團的社團網絡連結中扮演極為重要的角色。

而全體客家社團中，亞洲臺灣客家聯合總會、柬埔寨臺灣客家聯誼會則扮演相對重要的角色。在老華客社團的社會網絡連結中，向外度數（Out-degree）的數值分析上與全體客家社團相似，在向內度數（In-degree）的數值分析上也與全體客家社團相似。綜合上述結構洞、向外度數、向內度數分析，並依照結構洞指標Contrains<0.2的節點列出並將結構洞Contrains<0.0922的節點設為紅色，請詳見下頁網絡圖4-2。以馬來西亞惠州會館聯合會為例進行自我網絡（Ego-Network）分析，可以發現相關的活

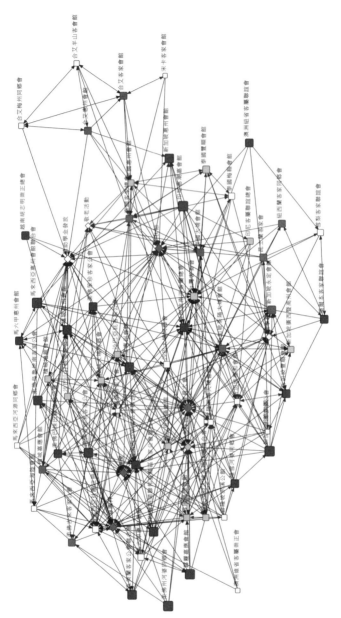

圖 4-2　老華客團體社會網絡

動為多令營、貸學金、青年領袖營、團體旅遊等，客家委員會可以透過舉辦冬令營、臺灣客家社團參訪的方式強化與海外客家社團間的關係。

在老華客的社會網絡中，除了新加坡南洋客屬總會之外，許多位在重要節點的會館都與客家委員會的社會關係距離非常遙遠，例如馬來西亞惠州會館聯合會、霹靂嘉應會館、柔佛州河婆同鄉會、柔佛烏魯地南客家公會、森美蘭客家公會聯合會。老華客的客家社團網絡類型與全體客家社團相似，同樣包括三種網絡類型，階層式社會網絡、集團式社會網絡以及對等式社會網絡。以社團觀點分析，新臺客社團網絡屬於階層式社會網絡，權力核心的總會組織為亞洲臺灣客家聯合總會，總會下有新加坡臺灣客家同鄉聯誼會、柬埔寨臺灣客家聯誼會、印尼臺灣客家聯合總會、泰國臺灣客家同鄉會、馬來西亞臺灣客家同鄉聯誼會、汶萊臺灣客家公會等。

以下各節，將持續針對老華客社團（惠州會館、嘉應會館、大埔會館以及以客家為名的社團）進行各自體系的網絡分析，主要是因為這些社團組織有區域化、跨區域性、跨國等特性，加上這些層級的分析，可以從整體網絡、跨國、組織內部三個層級更清楚看到客家社團組織的層級性和不同的網絡運作邏輯。

（一）惠州會館間的網絡關係

本書分析了10間惠州會館，為馬六甲惠州會館、馬來西亞惠州會館聯合會、檳城惠州會館、雪隆惠州會館、印尼惠潮嘉會館、古晉惠東安公會、合艾惠州會館、沙巴山打根惠東安公會、新加坡惠州會館、泰國惠州會館，利用網絡限制的指數來觀察惠

州社團的結構洞分布狀況，整體的惠州社團社會網絡總共有477個網絡節點。

根據結構洞的多寡，前5名依序為檳城惠州會館、印尼惠潮嘉會館、馬來西亞惠州會館聯合會、雪隆惠州會館、合艾惠州會館。檳城惠州會館佔據的結構洞最多，也就是說要建構東南亞惠州會館之間的互動連結，檳城惠州會館扮演重要的角色。另外一點值得注意，檳城惠州會館、印尼惠潮嘉會館、馬來西亞惠州會館聯合會、雪隆惠州會館也是整體東南亞客家會館網絡重要的連結點，可以發現惠州會館在「老華客」、「非客家為名」或是整體客家社團網絡中都扮演重要角色。在向外度數（Out-degree）的數值分析上可以發現所有惠州會館都積極對外經營，同時也掌握了重要的客家團體網絡連結，在互動連結扮演重要角色。

在向內度數（In-degree）的數值分析上，向內度數前10名分別為馬來西亞中華大會堂、獎助學金發放、出版紀念特刊、馬來西亞客家公會聯合會、中秋節、馬華公會、雪隆惠州會館、會員大會、臺灣客家委員會、古晉會寧同鄉會。顯示惠州會館大部分都有出版特刊、舉辦會員大會，另外獎助學金發放也是惠州會館的一項特色，中秋節則是惠州會館舉辦慶祝活動的傳統節慶。馬來西亞中華大會堂、馬來西亞客家公會聯合會、馬華公會、古晉會寧同鄉會、臺灣客家委員會、雪隆惠州會館都是惠州會館網絡中積極主動聯繫的組織，也可以發現臺灣的客家委員會雖然不屬於客家社團組織，但是在惠州會館社團組織網絡中被積極主動聯繫的組織單位。綜合上述結構洞、向外度數、向內度數分析，並依照結構洞指標Contrains<0.0599的節點設為紅色，請詳見下頁網絡圖4-3。

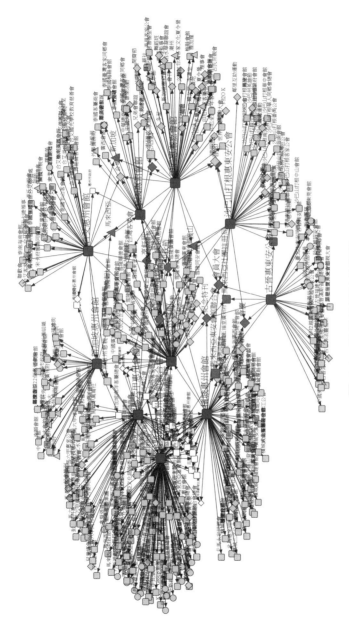

圖 4-3　惠州會館社會網絡

（二）嘉應會館間的網絡關係

本書分析了6間嘉應會館，爲印尼惠潮嘉會館、霹靂嘉應會館、馬六甲應和會館、雪隆嘉應會館、檳城嘉應會館、新加坡應和會館，利用網絡限制的指數來觀察嘉應會館的結構洞分布狀況，嘉應會館社會網絡總共有279個網絡節點。

根據結構洞分析，印尼惠潮嘉會館、馬六甲應和會館、霹靂嘉應會館佔據的結構洞最多，也就是說在嘉應會館間的互動中扮演了較爲重要的角色。向外度數（Out-degree）的數值分析，顯示對外發送訊息積極度的前3名，分別爲霹靂嘉應會館、馬六甲應和會館與雪隆嘉應會館。三者都是積極對外經營的客家社團，同時也掌握了重要的客家社團網絡連結，在嘉應會館之間的互動連結扮演重要角色。

在向內度數（In-degree）的數值分析上，前9名分別爲馬六甲茶陽會館、臺灣客家委員會、馬六甲中華大會堂、馬六甲海南會館、馬六甲惠州會館、馬六甲雷州會館、馬六甲增龍會館、雪隆廣東會館、雪隆廣東義山。顯示嘉應會館舉辦的活動或是聯繫的組織單位較爲異質，嘉應會館積極對外聯繫，但反而較少聯繫其他的嘉應會館。相較之下，雪隆嘉應會館、新加坡應和會館則是其他嘉應會館聯繫較多的對象。綜合上述結構洞、向外度數、向內度數分析，並依照結構洞指標Contrains<0.0873的節點設爲紅色，請詳見下頁網絡圖4-4。

（三）大埔會館間的網絡關係

本書分析了10個大埔會館，爲馬六甲茶陽會館、馬來西亞大埔茶陽社團聯合會、雪隆茶陽大埔會館、新加坡茶陽大埔會

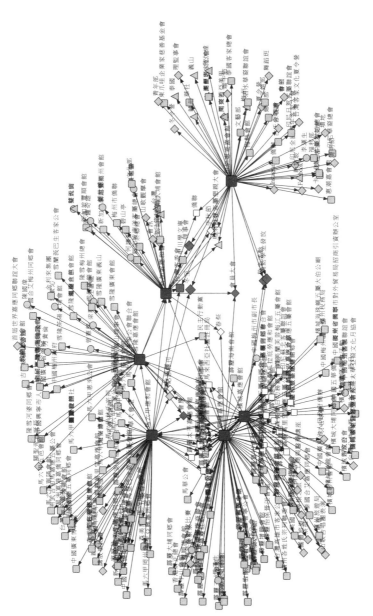

圖 4-4　嘉應會館社會網絡

館、沙巴大埔同鄉會、砂拉越晉漢斯省大埔同鄉會、檳城大埔同鄉會、汶萊大埔同鄉會、泰國大埔會館、印尼大埔同鄉會，利用網絡限制的指數來觀察大埔會館的結構洞分布狀況，整體的大埔會館社會網絡總共有261個網絡節點。

根據結構洞多寡的前5名依序為新加坡茶陽大埔會館、泰國大埔會館、汶萊大埔同鄉會、馬六甲茶陽會館、雪隆茶陽大埔會館。新加坡茶陽大埔會館佔據的結構洞最多，也就是說要建構大埔會館之間的互動連結，新加坡茶陽大埔會館扮演重要的角色。

在向外度數（Out-degree）的數值分析上，對外發送訊息積極度前5名為分別為馬六甲茶陽會館、馬來西亞大埔茶陽社團聯合會、雪隆茶陽大埔會館、新加坡茶陽大埔會館、沙巴大埔同鄉會。可以發現新加坡茶陽大埔會館、馬六甲茶陽會館、雪隆茶陽大埔會館在大埔會館網絡組織中，積極對外經營且能掌握重要網絡連結。

在向內度數（In-degree）的數值分析上，顯示雪隆茶陽大埔會館、檳城大埔同鄉會、砂拉越晉漢斯省大埔同鄉會都是積極對外傳遞訊息也受到其他社團的重視。綜合上述結構洞、向外度數、向內度數分析，並依照結構洞指標Contrains<0.0910的節點設為紅色，請詳見下頁網絡圖4-5。

（四）以「客家」為名的社團間的網絡關係

本書分析了36個以「客家」為名的客家社團組織，利用網絡限制的指數來觀察客家社團組織的結構洞分布狀況，整體以「客家」為名的客家社團組織網絡總共有912個網絡節點。根據結構洞的多寡，前10名依序為新加坡南洋客屬總會、印尼客屬

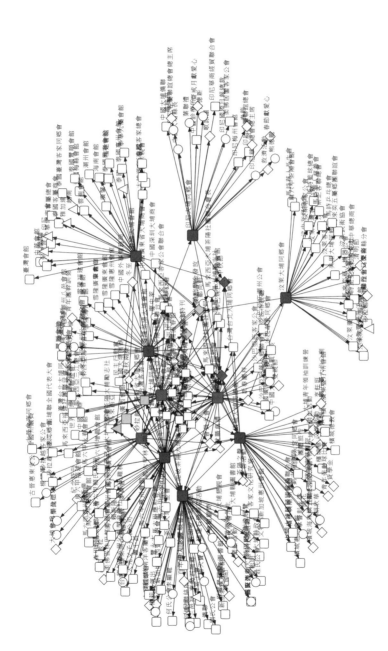

圖 4-5　大埔會館社會網絡

聯誼總會、汶萊崇正客聯總會、森美蘭客家公會聯合會、檳城客家公會、沙巴亞庇客家公會、柔佛烏魯地南客家公會、沙巴暨納閩聯邦直轄區客家公會聯合會、沙巴山打根客家公會、柔佛古來客家公會。新加坡南洋客屬總會佔據的結構洞最多，也就是說在以「客家」為名的客家社團組織之間的互動連結扮演重要的角色，與整體網絡以及「老華客」的社會網絡有很大差異，以「客家」為名的客家社團網絡中結構洞最多的前五名都不在整體網絡或是「老華客」的社群網絡前5名之中。反之，非以「客家」為名、整體網絡以及「老華客」結構洞最多的前五名社團都是相同的，包括：馬來西亞惠州會館聯合會、新加坡河婆集團、印尼惠潮嘉會館、霹靂嘉應會館、柔佛州河婆同鄉會，請參閱下表4-2。

在向外度數（Out-degree）的數值分析上，對外聯繫或是發送訊息積極度前10名，分別為柔佛昔加末客家公會、柔佛笨珍客家公會、昆士蘭客家會、沙巴暨納閩聯邦直轄區客家公會聯合會、馬來西亞客家公會聯合會、柔佛烏魯地南客家公會、墨爾本客家聯誼會、沙巴亞庇客家公會、大洋洲客屬總會、新加坡南洋客屬總會。可以發現柔佛昔加末客家公會、沙巴暨納閩聯邦直轄區客家公會聯合會、柔佛烏魯地南客家公會、墨爾本客家聯誼會、沙巴亞庇客家公會都是積極對外經營的客家社團，同時也掌握了重要的客家社團網絡連結，在客家社團之間的互動連結扮演重要角色。

在向內度數（In-degree）的數值分析上，向內度數前10名分別為臺灣客家委員會、大洋洲客屬總會、會員大會、中秋節、會慶、紀念特刊、新春團拜、昆士蘭客家會、馬來西亞客家公會聯

表4-2 不同網絡的結構洞排名

社團節點	全體	老華客	新臺客	客家爲名	非以客家爲名
馬來西亞惠州會館聯合會	1	1			1
新加坡河婆集團	2	2			2
印尼惠潮嘉會館	3	3			3
霹靂嘉應會館	4	4			5
柔佛州河婆同鄉會	5	5			4
檳城惠州會館	6	6			7
柔佛烏魯地南客家公會	7	7		7	
森美蘭客家公會聯合會	8	8		4	
沙巴暨納閩聯邦直轄區客家公會聯合會	9	9		8	
雪隆惠州會館	10	10			12
柔佛昔加末客家公會	11	11		11	
亞洲臺灣客家聯合總會	12		2	13	
新加坡惠州會館	13	12			11
柬埔寨臺灣客家聯誼會	14		3	14	
越南胡志明崇正總會	15	13			14
柔佛笨珍客家公會	16	14		15	
澳洲紐省客屬聯誼會	17	15		16	
新加坡豐順會館	18	17			13
新加坡南洋客屬總會	19	16		1	
柔佛峇株巴轄客家公會	20	19		19	

合會、沙巴亞庇客家公會。在網絡中的活動節點分析中顯示大部分以「客家」爲名的客家社團組織都有出版特刊、舉辦會員大會、會慶與新春團拜，中秋節也是以「客家」爲名的客家社團組織都會舉辦慶祝活動的傳統節慶。

在網絡中的組織節點分析中顯示臺灣客家委員會、大洋洲客屬總會、馬來西亞客家公會聯合會、昆士蘭客家會及沙巴亞庇客家公會都是其他客家社團積極主動聯繫的組織，也可以發現沙巴亞庇客家公會不但掌握了社會網絡中重要且關鍵的連結，而且也受到其他社團的重視。臺灣的客家委員會雖然不屬於客家社團組織，但是在以「客家」為名的客家社團組織網絡中，是客家社團最積極主動聯繫的組織單位，在結構洞的排名也在總數1,800多個節點中，重要性在前30名（1.63%）之列，屬於重要的網絡連繫單位，掌握重要的社團網絡連結關係。綜合上述結構洞、向外度數、向內度數分析，並依照結構洞指標Contrains<0.7的節點列出並將Contrains<0.0634的節點設為紅色，請詳見下頁網絡圖4-6。

以「客家」為名的客家會館團體，佔據結構洞最多的前幾名多為各國的聯合會或是總會，例如森美蘭客家公會聯合會、新加坡南洋客屬總會、印尼客屬聯誼總會、汶萊崇正客聯總會、沙巴暨納閩聯邦直轄區客家公會聯合會、亞洲臺灣客家聯合總會，加上向內度數的考量，則新加坡南洋客屬總會與馬來西亞客家公會聯合會所扮演的角色較為重要。以「客家」為名的客家社團組織網絡是以對等式社會網絡為主，社團與社團之間並無正式團體會員關係，但彼此之間互相有聯繫，客家社團透過舉辦活動彼此相互來往。

（五）非以「客家」為名的社團間的網絡關係

本書分析了49間非以「客家」為名的客家社團組織，利用網絡限制的指數來觀察非以「客家」為名的客家社團組織的結構

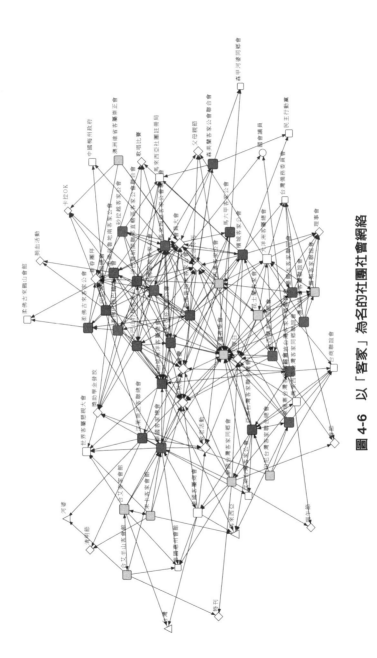

圖 4-6 以「客家」為名的社團社會網絡

洞分布狀況。整體而言，非以「客家」爲名的客家社團組織網絡總共有1,230個網絡節點。

根據結構洞的多寡，前10名依序爲馬來西亞惠州會館聯合會、新加坡河婆集團、印尼惠潮嘉會館、柔佛州河婆同鄉會、霹靂嘉應會館、沙巴山打根惠東安公會、檳城惠州會館、澳洲帝汶留臺同學會、合艾惠州會館、汶萊大埔同鄉會。馬來西亞惠州會館聯合會所佔據的結構洞最多，也就是說非以「客家」爲名的客家社團組織之間的互動連結，馬來西亞惠州會館聯合會扮演重要的角色，這一點與東南亞整體社會網絡、老華客社會網絡中扮演的角色相同。另一個值得注意的是新加坡河婆集團、印尼惠潮嘉會館，無論是在東南亞整體社會網絡、老華客社會網絡、非以「客家」爲名的客家社團組織之間的互動連結都扮演重要的角色。

在向外度數（Out-degree）的數值分析上，對外發送訊息積極度前10名，分別爲馬來西亞惠州會館聯合會、柔佛州河婆同鄉會、檳城惠州會館、馬六甲惠州會館、馬六甲茶陽會館、隆雪河婆同鄉會、雪隆惠州會館、霹靂嘉應會館、馬六甲應和會館、新加坡河婆集團。可以發現馬來西亞惠州會館聯合會、柔佛州河婆同鄉會、檳城惠州會館、馬六甲惠州會館都是積極對外經營的客家社團，同時也掌握了重要的客家社團網絡連結，在非以「客家」爲名的客家社團組織之間的互動連結扮演重要角色。

在向內度數（In-degree）的數值分析上，向內度數前3名分別爲新加坡南洋客屬總會、砂拉越晉漢斯省大埔同鄉會、雪隆茶陽大埔會館，是非以「客家」爲名的客家社團組織積極主動聯繫的組織，也可以發現非以「客家」爲名的客家社團組織社會網絡

中，掌握了社會網絡中重要且關鍵連結的社團，不一定受到其他社團的重視，也不一定是其他單位積極主動聯繫，與臺灣的客家委員會社會網絡關係也較為疏遠。以臺灣的立場來看，應該先發展與新加坡南洋客屬總會、砂拉越晉漢斯省大埔同鄉會、雪隆茶陽大埔會館的關係，之後再考慮與結構洞較多的社團建立關係。綜合上述結構洞、向外度數、向內度數分析，並依照結構洞指標Contrains<0.0553的節點設為紅色，請詳見下頁網絡圖4-7。

非以「客家」為名的客家會館團體中，佔據結構洞較多的客家社團以惠州會館居多，例如馬來西亞惠州會館聯合會、印尼惠潮嘉會館、沙巴山打根惠東安公會、檳城惠州會館、合艾惠州會館、新加坡惠州會館、雪隆惠州會館。另外，柔佛州河婆同鄉會、霹靂嘉應會館、汶萊大埔同鄉會所佔據的結構洞也很多，顯示這些會館在非以「客家」為名的客家團體網絡連結中具有關鍵性角色。在是否以客家為名的會館網絡中可以明顯看出客家委員會在二者之間的差異，客家委員會在以客家為名的會館網絡中關係較為緊密，能夠直接與許多重要的會館有連繫，但在非以客家為名的會館網絡中，重要會館與客家委員會的距離都較疏遠。非以「客家」為名的客家社團是以集團式社會網絡為主，有許多以祖籍為基礎的客家地緣社團，無設正式的總會，但有正式團體會員組織，則屬於集團式社會網絡。

三、新臺客社團組織總體分析

本書分析了7個新臺客社團組織，亞洲臺灣客家聯合總會、新加坡臺灣客家同鄉聯誼會、柬埔寨臺灣客家聯誼會、印尼臺灣

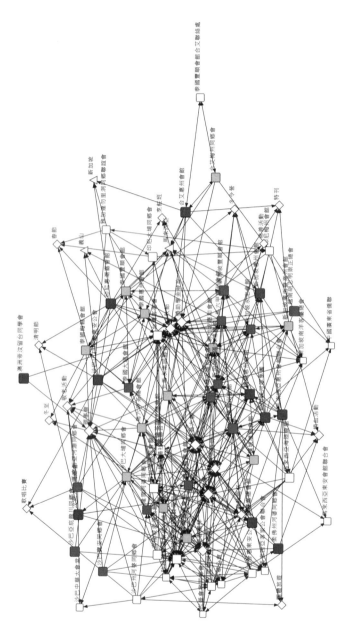

圖 4-7　非以「客家」為名的社團社會網絡

客家聯合總會、泰國臺灣客家同鄉會、馬來西亞臺灣客家同鄉聯誼會、汶萊臺灣客家公會，利用網絡限制的指數來觀察新臺客社團的結構洞分布狀況，整體的東南亞新臺客社團社會網絡總共有131個網絡節點。根據結構洞的多寡，在131個網絡節點中，前6名依序為新加坡臺灣客家同鄉聯誼會、亞洲臺灣客家聯合總會、柬埔寨臺灣客家聯誼會、印尼臺灣客家聯合總會、泰國臺灣客家同鄉會與馬來西亞臺灣客家同鄉聯誼會，說明新加坡臺灣客家同鄉聯誼會所處的戰略位置最為重要，要強化新臺客社團組織對內以及對外的互動交流，新加坡臺灣客家同鄉聯誼會扮演重要的角色。

在向外度數（Out-degree）的數值分析上，對外發送訊息積極度排序依序為亞洲臺灣客家聯合總會、新加坡臺灣客家同鄉聯誼會、柬埔寨臺灣客家聯誼會、印尼臺灣客家聯合總會、泰國臺灣客家同鄉會、馬來西亞臺灣客家同鄉聯誼會以及汶萊臺灣客家公會，與結構洞多寡排序大致相同，唯一的差別為亞洲臺灣客家聯合總會對外傳遞訊息較為積極，可以瞭解亞洲臺灣客家聯合總會負責各項訊息的發布以及活動的聯繫工作。

在向內度數（In-degree）的數值分析上，向內度數前5名分別為臺灣客家委員會、臺商聯誼會、亞洲臺灣客家聯合總會、柬埔寨臺灣客家聯誼會、泰國臺灣客家同鄉會。顯示新臺客社團經常接收到臺灣客家委員會以及臺商聯誼會的訊息或是活動邀請，由於臺商聯誼會為新臺客社團組織成員的主要來源，因此在網絡中的關係格外緊密。亞洲臺灣客家聯合總會身為總會的角色，其他新臺客社團自然會經常接受到總會的訊息。值得注意的是由向內度數的分析中發現，柬埔寨臺灣客家聯誼會與泰國臺灣客家同

鄉會是新臺客社團較為活躍以及發展積極的組織。綜合上述結構洞、向外度數、向內度數分析,將結構洞指標Contrains<0.1192的節點設為紅色,請詳見下頁網絡圖4-8。

　　新臺客社會網絡中以新加坡臺灣客家同鄉會的連結最為重要,甚至超越亞洲臺灣客家聯合總會,這表示新加坡臺灣客家同鄉會積極經營其對外關係,除此之外,柬埔寨臺灣客家聯誼會與印尼臺灣客家聯合總會也是具有對內、對外較強的網絡關係,就整體而言,新臺客的社會網絡仍過於封閉,與其他客家社團的聯繫仍需加強。新臺客社團之間具有權力核心的總會組織,也就是亞洲臺灣客家聯合總會,彼此有正式會員關係,具有組織階層性,對外聯繫主要是透過亞洲臺灣客家聯合總會運作。

四、結語

　　臺灣的客家委員會是海外客家社團與社團之間聯繫的必要管道。以客家委員會為核心,繪製自我中心網絡(Ego-Network,請詳見圖4-9),發現客家委員會串連了許多值得開發或是加強聯繫的客家社團,在新加坡及馬來西亞這兩個地區的會館與客家委員會的關係距離較為接近;相對的與泰國的客家社團距離都較遠,而且這些社團在整體網絡中的重要性也較低,佔有的結構洞不多。

　　根據不同組合的客家社團組織的分析結果,發現全體客家社團組織、「老華客」以及非以「客家」為名的客家會館團體網絡非常接近,前5名佔據結構洞多數的會館名單都相同,依序為馬來西亞惠州會館聯合會、新加坡河婆集團、印尼惠潮嘉會館、霹

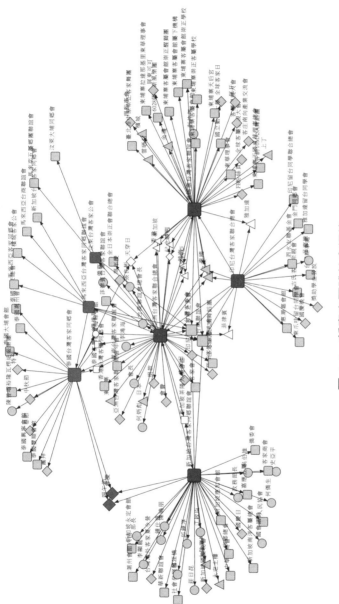

圖 4-8　新臺客客團體社會網絡

靂嘉應會館、柔佛州河婆同鄉會。

　　全體網絡圖中可以發現惠州會館在各地的聯繫角色都很強，雖然客家委員會也位居網絡中心，積極參與國際客家事務，但在網絡圖中發現許多重要會館需要更積極的聯繫，例如泰國南部的合艾客家會館、柔佛州河婆同鄉會、越南胡志明市崇正會以及許多惠州會館。

　　若從三種客家社團網絡類型區分，全體客家團體社會網絡內包括三種網絡類型，其中有以南洋客屬總會為運作核心，其下有應和會館、惠州會館、茶陽（大埔）會館、豐順會館、永定會館、廣西暨高州會館等屬於階層式社會網絡（Hierarchical Social Network）。泰國曼谷的8間客家會館，包含泰國客家總會、泰國豐順會館、泰國客屬商會、泰國大埔會館、泰國興寧會館、曼谷惠州會館、泰國臺灣客家同鄉會、泰國梅縣會館，所形成的網絡連結則是對等關係，彼此互稱兄弟會的集團式社會網絡（Clique Social Network）。其他大多數的社團網絡則屬於對等式社會網絡（Peer to Peer Social Network），組織與組織之間並無正式團體會員關係，透過客家相關活動彼此交流，也就是無組織有關係的網絡。

　　以原鄉是「大埔」、「惠州」、「嘉應」的客家會館團體，網絡節點數分別為261、477與279，顯示惠州會館的網絡連結較大，而在網絡中重要的會館代表分別為新加坡茶陽大埔會館、檳城惠州會館、馬六甲應和會館以及印尼惠潮嘉會館等四個會館。嘉應會館與惠州會館的內部網絡關係都很緊密，但與客家委員會的關係都很遙遠，例如在惠州會館的網絡中，客家委員會能夠建立關係的會館僅有印尼惠潮嘉會館、雪隆惠州會館以及新加坡惠

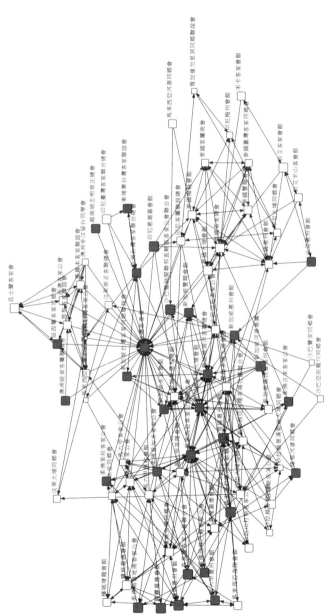

圖 4-9　以客家委員會為核心之結構洞分析圖

州會館，建議客家委員會可以透過這3個會館加強對惠州會館網絡關係。而在嘉應會館的網絡中，則可以利用印尼惠潮嘉會館、馬六甲應和會館、新加坡應和會館來加強聯繫。大埔會館的網絡關係較弱，但大埔會館也很注重對外的會館關係，與不同的會館都有很頻繁的交流，更難能可貴的是與臺北大埔同鄉會也經常有往來，相對於惠州與嘉應，客家委員會在大埔會館的網絡距離要近一些。以祖籍地為名的「大埔」、「惠州」、「嘉應」客家會館團體網絡，皆屬於集團式社會網絡，雖無設立正式的總會，但有正式團體會員組織。

經過不同客家會館網絡分析，雖然節點有分為四類型，但結構洞較高的均為單位組織，社會賢達、政商領袖很難在網絡中扮演中介角色。總體的客家會館社會網絡分析發現，單以結構洞來觀察客家社團在社會網絡中的關鍵角色是無法清楚瞭解其重要性，還需要輔以向內度數的指標，觀察會館受其他客家團體重視的程度。

會館網絡拓展順序可以參考圖4-10，若要維持或強化現有客家會館網絡關係應該以向內度數程度高的會館為主，若是要擴展網絡關係，則是以結構洞高的會館為主，同時考慮向外度數也高的會館，這些會館不但佔有連結其他會館的關鍵位置，同時也很積極在經營對外關係。同時也發現「聯合會」或是「總會」經常扮演居中聯繫的功能，因此在總體的社會網絡中較為重要。未來，欲強化全球客家社團的網絡連結，可以嘗試多接觸前述所提及之客家社團組織。

最後，則為探討「未訪談之社團組織」在客家社團社會網絡中扮演的角色，本書去除活動、地區名稱等節點，僅留下組織單

圖 4-10　會館網絡拓展順序

位進一步分析其結構洞，利用網絡限制的指數（network con-straint index）<0.5來觀察未訪談之社團組織的關鍵角色分布狀況，觀察之後發現臺灣的客家委員會佔據最多的結構洞，代表臺灣的客家委員會是海外客家社團與社團之間聯繫的必要管道。其他重要單位依序為馬來西亞社團註冊局、澳洲維省客屬崇正會、中國大使館、馬來西亞東安會館聯合會、世界客屬總會、沙巴中華大會堂、馬來西亞臺灣客家同鄉聯誼會、森甲河婆同鄉會、中國梅州政府、中國廣東省僑聯、臺灣僑務委員會等，這些組織在網絡聯繫中扮演著重要角色。

第 5 章　東南亞客家社團組織網絡分析

林開忠、利亮時、張陳基、蕭新煌

　　本章將分析 8 個東南亞國家的社團組織網絡，分別為馬來西亞、印尼、新加坡、泰國、越南與柬埔寨、汶萊及澳洲。首先，針對島嶼東南亞國家的馬來西亞、印尼、新加坡等進行分析。馬來西亞是客家社團組織最多的國家，複雜程度相當高，接著是華人人口數最多的印尼，而新加坡則因地理環境與馬來西亞、印尼鄰近，與前兩個國家形成密集的生活圈，因此放在本章的前面進行分析。而半島東南亞國家，則先分析華人人口數最多的泰國，接續為越南、柬埔寨以及汶萊，澳洲的情況較為特殊，與紐西蘭和其他南太平洋的島國合稱大洋洲，以地理區位而言，與亞洲相距不遠，當代移民也多以亞裔為主，因此也列入本書的研究範圍，將在本章最後一節進行分析。

一、馬來西亞

　　根據馬來西亞社團註冊局的統計資料，截至 2017 年 6 月為止，全馬來西亞共有 67,000 個登記在案的社團，其中華人社團佔了六分之一。這些社團的種類繁多：從宗教、福利、社會、休閒、互助會、文化藝術、商業、職業、人權到安全都有，又以福

利、社會及宗教類最多，佔了總體社團的67%。以華人社團來說，宗教類的就佔了整體華人社團的一半以上，接下來才是社會／福利／互助會類別下的地緣和血緣社團。我們從最新的Senarai Pendaftaran Pertubuhan yang Aktif（活躍的註冊社團表單）中，分別以幾個跟客家有關的關鍵字眼，如Hakka、Kheh、Kah Ying、Yin Foh、Kah Soh等等進行搜尋，獲得的客家社團組織資訊整理成下表5-1。[1]

從這些客家社團中，我們發現馬來西亞的客家團體可以分成以下13類：客家、嘉應、茶陽（大埔）、惠州、赤溪、河婆、永定、惠東安、龍川、增龍、寶安、河源及會寧。在這些類別中，有的只有個位數團體組織如龍川、寶安、惠東安、永定及赤溪，這幾個客家地緣社團屬於客家的少數；有的甚至只出現在某個州屬，譬如龍川、河源與寶安社團只出現在沙巴，永定則在檳城與霹靂州等半島北部州屬才有。

從表5-1也可以發現數量最多的客家團體是客家公會，接著是嘉應、惠州、茶陽、河婆和增龍，可以說這6個客家地緣組

1　由於馬來西亞社團註冊局的表單，是按照社團註冊時所提供的名稱之羅馬化音譯編輯而成，因此，同一種社團的名稱在不同的州屬，甚至同一州屬，都會顯示出不一樣的羅馬化音譯名，這造成我們檢索上的困難。因此，只能配合網路上該社團的各種可能羅馬化音譯來加以比對和尋找。作者儘可能使用所有可能的關鍵字來檢索，但表5-1的資料還是可能會有漏網之魚。

2　本表排除了以下非客家／客家地緣的組織，如馬來西亞客家文化協會、馬來西亞－中國客家商會、霹靂嘉應會館基金會、馬來西亞惠州商會、PERSATUAN OPERA HAKKA KUALA LUMPUR DAN SELANGOR、吉隆坡南洋茶陽趙氏公會以及馬來西亞河婆蔡氏公會。其中PERSATUAN OPERA HAKKA KUALA LUMPUR DAN SELANGOR應是指客家戲劇或劇團，但網路上並沒有其相關資料，也有可能是個已經沒有活動的客家文藝團體。

表5-1　登記於馬來西亞社團註冊局的各類客家團體（依州屬區分）[2]

	柔佛	吉玻	吉蘭丹	馬六甲	森美蘭	彭亨	檳城	霹靂	雪蘭莪	登嘉樓	沙巴	砂拉越	吉隆坡	總共
客家*	14	3	2	4	5	11	2	5	9	2	15	11	5	88
嘉應#	4	3	0	1	3	0	1	8	4	0	0	3	4	29
茶陽	3	0	0	1	1	1	1	1	0	0	1	4	4	17
惠州^	3	1	0	1	2	2	1	5	4	0	0	0	2	21
赤溪	0	1	0	0	0	0	0	2	1	0	0	0	1	5
增龍	0	0	0	1	0	0	1	8	0	0	0	0	0	10
河婆	2	0	0	0	1	0	0	11	0	0	1	2	2	19
永定	0	0	0	0	0	0	1	1	0	0	0	0	0	2
惠東安	0	0	0	0	0	0	0	2	0	0	1	1	0	4
龍川	0	0	0	0	0	0	0	0	0	0	5	0	0	5
寶安	0	0	0	0	0	0	0	0	0	0	1	0	0	1
河源	0	0	0	0	0	0	0	0	1	0	0	0	0	1
會寧	0	0	0	0	0	2	1	7	0	0	0	5	1	16
總共	26	8	2	8	12	16	8	50	19	2	24	26	19	220

資料來源：Jabatan Pendaftaran Pertubuhan Malaysia, "Senarai Pendaftaran Pertubuhan yang Aktif".
（取用日期：2018/8/22）
註：*「客家」包含名稱為客家與客屬的公會以及客家公會聯合會。
　　#「嘉應」包括以嘉應、嘉屬、梅江、應和、豐順、興寧、蕉嶺以及嘉屬聯合會名稱為主的社團。
　　^「惠州」包括以惠州、海陸及惠州聯合會為名的社團。

織，乃是馬來西亞客家的主要類別，代表其人口眾多分布亦廣。[3] 理論上，客家公會應該是各地客家地緣社團成員再混合後組成的團體，但在各地區，會因為各種實際的因素，如創會時的主要成員是誰、所屬的客家祖籍為何，以及各客家地緣人士在一地的分布等等因素，而會有由某一些客家地緣人士為主的現象。舉馬六甲客家會館為例，其主要班底是應和跟茶陽人士為主，惠州及河婆客家人則因為早期主要居住在馬六甲市區郊外，且多以農工階級為主，而鮮少加入馬六甲市區運作的馬六甲客家公會，因此公會的成員及領導階層大部分是應和與茶陽人士。再者，與新加坡南洋客屬總會不同的是：新加坡南洋客屬總會一開始就是以社團的總組織之姿出發，其成員是以各個客家祖籍地緣／地緣兼血緣的社團為單位，採團體會員制度；而馬來西亞各地的客家公會則是像其他客家地緣社團一樣，其成員係以個人為單位加入，因而無法超越在地的客家地緣團體，畢竟客家地緣團體有很多其資歷遠高於客家公會。[4]

如此的發展，使得馬來西亞的客家社團有其特殊性。首先，就如前述，馬來西亞的客家公會理論上是由各地的客家祖籍成員所組成，但它並無法統領各個客家地緣團體，而是自立成一個以語言或族群為名的社團；再者，從戰後的1950年代開始，在一些地區其客家地緣團體的數量達到社團註冊局法令所規定的7個

3　另外一個在馬來西亞也有15間會館，並組成總機構的是會寧會館，但在有關客家的討論中，會寧甚少被提及或納入，因此，本文並沒有將會寧納入討論。

4　譬如馬六甲惠州會館、茶陽會館、應和會館及增龍會館都有超過百年的歷史，這是客家公會所望塵莫及的，因此，在馬六甲，客家公會只能跟其他客家地緣組織平起平坐，無法成為所有客家地緣組織的領頭羊地位。

或以上相同之社團時，便陸陸續續成立聯合會或總會。因此，我們可以看到在一些州屬出現州級的聯合會組織，譬如森美蘭客家公會聯合會等，或是全國性的社團組織，如馬來西亞惠州會館聯合會、馬來西亞大埔（茶陽）社團聯合會總會、馬來西亞客家公會聯合會等等。這些州屬或國家層級的社團就是以團體會員為主所組成的。因此，在馬來西亞的脈絡裡，有著至少6個大的客家團體系統：即客家公會、惠州、嘉應、河婆、茶陽大埔以及增龍。

（一）研究方法及其限制

　　誠如上述，馬來西亞客家／客家地緣社團眾多，要含括所有的社團組織簡直是緣木求魚，因此在個案的選擇上，我們只能採取隨機但有目的的抽樣，而無法以整個母體做直接的觀察。抽樣是採取以下的標的：一，鑑於馬來西亞客家社團組織並非單一系統，而是多元系統，因此在抽樣上，將鎖定6大客家系統來進行；二，鑑於每個客家系統所涉及的地理範圍很廣，無法全部都進行，因此，我們訪談的樣本設定在幾個州屬：即檳城、馬六甲、吉隆坡、柔佛以及沙巴和砂拉越，透過我們長年來跟這些州屬的客家社團組織之關係，以能夠獲得其提供之資料為原則。這兩個層次也是我們接下來進行客家社團網絡分析時所採用的（參考表5-2）。

　　另外，我們在客家委員會網站上搜尋到有登錄的馬來西亞客家社團組織，基本上是以客家公會為大宗（總共28間中有22間是客家公會，也就是佔了總體的78.6%），因此，其所含蓋的客家社團組織範圍與類型是有限且偏頗的。對照於全馬註冊客家社

表5-2 受訪團體與客家委員會網站上客家社團組織間數及其百分比

	客家	惠州	茶陽	河婆	嘉應	增龍	赤溪	惠東安	龍川	永定	寶安	河源	會寧	總共
全國註冊	88 40.6	21 9.7	17 7.8	19 8.8	29 13.4	10 4.6	5 2.3	4 1.8	5 2.3	2 0.9	1 0.5	0* 0	16 7.3	217
本文完成	13 32	5 12	6 15	4 9.7	4 9.7	1 2.4	1 2.4	2 4.8	1 2.4	1 2.4	1 2.4	1 2.4	1 2.4	41
客家委員會	22 78.6	3 10.7	2 7.1	0 0	1 3.6	0 0	0 0	0 0	0 0	0 0	0 0	0 0	0 0	28

註：*沙巴河源同鄉會沒有出現在社團註冊局的表單中。

團間數與所佔的比例，本書所完成的間數及百分比，會比較接近母體的數量和比例。此外，在客家委員會網站上登錄的馬來西亞客家社團中，以柔佛州最多，其次分別是沙巴、雪隆、砂拉越和檳城，本書所蒐集的資料範圍也是以沙巴、柔佛、檳城、雪隆、砂拉越以及馬六甲爲主，在範圍上與網站上的資料頗爲一致。在我們的調查資料中，總共有13筆網路上的社團名單沒有列入，原因是：一，地理區域遙遠：譬如沙巴的拿篤、斗湖；砂拉越的民都魯、美里；雪蘭莪的沙登、烏魯冷岳以及巴生；柔佛的新山及麻坡，都在本書所調查的區域——沙巴的山打根、亞庇；砂拉越的古晉；柔佛古來縣以及吉隆坡——之外的地區，在時間與人

力上難以完成；二，客家社團不多的地區，如彭亨的關丹和吉打，因為客家人比較少，因此並沒有進行調查。採取如此的方式來進行資料蒐集與分析，可能無法完整掌握社團之間的社會網絡關係的全貌，但至少能夠提供我們相關客家系統的網絡圖像；文中也將配合質性資料來勾勒這些社團的網絡關係。

（二）馬來西亞客家社團組織的基本資料

馬來西亞客家社團樣本幾乎全部都是老華客的組織。樣本數是所有其他國家中最多的，共達41間。為便於描述，我們先針對基本資料（成立年份、會員人數、經費來源）進行描述，然後再依州屬來分析會館間的異同，最後以聯合總會為焦點進行討論。

1.基本資料描述

從成立年份來看，最早的客家社團是檳城的嘉應會館（1799），其成立年份是在18世紀末；接著是檳城的增龍會館（1802）、馬六甲的茶陽（1807）、應和（1821）與惠州（1844），成立時間落在19世紀初到中之前；19世紀中後期則有雪隆惠州（1864）、馬來西亞海陸（1865）、[5] 雪隆茶陽（1878）、吉隆坡赤溪（1885）、山打根客家（1886）以及雪隆嘉應（1898）。這些早期的客家會館都落在檳城、馬六甲、雪蘭莪暨吉隆坡、森美蘭以及沙巴的山打根。其中檳城是英國人最早登陸設貿易據點的地方，之後英國殖民者將檳城、馬六甲和新加

---

5 前身為海陸公司、森美蘭海陸會館，1986年才正式易名為馬來西亞海陸會館。

坡統合為海峽殖民地。因此，檳城和馬六甲是客家人早期落腳和經商的地方。這兩州的客家人都只是少數（兩州都是以福建人為大宗），但也因為少數而更需要透過組織的力量來保護自己，因此，這兩州屬的客家人率先創立社團組織。到了19世紀中後期開始，英國殖民者因工業革命的需要，而開始介入馬來半島各州內政，以期控制錫礦並擴展熱帶栽培業——橡膠種植。因歐洲資本的湧入而使得盛產錫礦的森美蘭、雪蘭莪暨吉隆坡成為大量客家移民落腳的地方，也造就了許多客籍礦家。隨著城市的開發，客家人也在森美蘭及雪蘭莪地區開始創設他們各自的社團組織。因此，在這段期間，我們可以在這兩州屬發現許多客家社團組織之成立。大概也在19世紀末，沙巴山打根的客家人也因為處於人數上的劣勢，而必須團結起來，因而創立了客家社團。

進入20世紀，我們可以將之分成兩個部分來討論：一是馬來亞時期的客家社團；另一是馬來西亞時期成立的客家社團。在馬來亞時期（即1963年前）的客家社團計有20世紀初的霹靂嘉應會館（1900）與沙巴山打根惠東安會館（1906）。到了20世紀30年代，由於胡文虎的大力提倡，在新加坡南洋客屬總會的推動下，許多以客家或客屬為名的社團如雨後春筍般於馬來半島及婆羅洲的土地上成立起來，譬如砂拉越客屬公會（1934）、柔佛昔加末客家公會（1936）、柔佛古來客家會館（1937）、檳城客家公會（1939）、柔佛笨珍客家公會（1939）、馬六甲客家公會（1940）與沙巴亞庇客家公會（1940）。這時期還有其他客家地緣社團之創立，如砂拉越晉漢斯省大埔同鄉會（1920）、檳城大埔同鄉會（1936）和北馬永定同鄉會（1947）。馬來西亞組成後創設的客家社團有隆雪河婆同鄉會（1969）、沙巴大埔同鄉會

（1969）、砂拉越古晉惠東安公會（1971）、柔佛河婆同鄉會（1976）、柔佛地南客家公會（1977）以及砂拉越河婆同鄉會（1978），似乎這時段創立的客家社團係以比較少數的客家源流如河婆和惠東安為主，他們在馬來西亞屬於非主流的客家社團。到了21世紀，在馬來西亞成立的客家社團幾乎都是在東馬沙巴跟砂拉越州，如寶安同鄉會（2001）、會寧同鄉會（2002）、河源同鄉會（2009）與龍川同鄉會（2016），這些有的是以東馬兩州為主要分布的客家人（如會寧、寶安和龍川），至於河源則有可能是從龍川再分出來的一個新的社團名稱。

在我們調查的社團樣本中，可以將它們就會員人數分成四大類。第一類是會員人數5,000以上的大型會館，包括沙巴亞庇客家公會（6,400）、沙巴山打根客家公會（6,500）以及雪隆惠州會館（20,000以上）。第二類為人數在1,000以上5,000以下的中型會館，計有馬六甲應和會館（1,300）、馬六甲客家公會（1,300）、隆雪河婆同鄉會（2,149）、馬六甲惠州會館（2,268）、霹靂嘉應會館（2,500）、砂拉越客家公會（3,000）、雪隆茶陽（大埔）會館（4,000）以及雪隆嘉應會館（4,220）。第三類則是人數介於500-1,000的小型會館，即柔佛河婆同鄉會（980以上）、檳城客家公會（900）、檳城大埔同鄉會（800以上）、檳城惠州會館（800以上）、砂拉越古晉惠東安公會（781）、吉隆坡赤溪公館（597）、馬來西亞海陸會館（550）、馬六甲茶陽會館（500）、柔佛昔加末客家公會（500）以及砂拉越晉漢斯省大埔同鄉會（500）。最後一類則是微型會館，其會員人數在500名以下，包含檳城嘉應會館（400以上）、柔佛地南客家公會（400以上）、檳城增龍會館（300

以上）、柔佛笨珍客家公會（300以上）、柔佛古來客家會館（300以上）、沙巴亞庇龍川同鄉會（300）、北馬永定同鄉會（280）、沙巴大埔同鄉會（200以上）、沙巴山打根惠東安公會（200）、砂拉越古晉會寧同鄉會（200）、馬來西亞河源同鄉會（150）、柔佛峇株巴轄客家公會（150）、沙巴寶安同鄉會（100以上）以及沙巴河婆同鄉會（90）。

　　在調查的樣本中，幾乎所有大型與中型的客家會館，都具有店屋不動產。透過店屋出租取得租金收入，大多能夠承擔會館活動所需，不足的地方則可以透過會費、捐款以及其他收入（如墳場）來填補。其他小型或微型會館的營運費用，除了會費與捐款外，有的是透過外援來維持。這些外援可以有很多種，譬如檳城增龍會館是檳城廣汀會館的團體成員，因而在舉辦會慶時，會邀請其他廣汀的團體屬會來參加，如此取得部分的經費；以及，廣汀會館每年都會撥出固定經費給增龍會館做為營運的費用。或是如馬來西亞河源同鄉會，它是從中國河源市政府取得20萬人民幣的籌備費用。其他還有沙巴寶安同鄉會、龍川同鄉會以及柔佛昔加末客家公會分別從馬華公會（國內政黨）、州政府以及馬來西亞政府部門取得一定數額的撥款，這可能是因為這些社團組織的領導層跟某些政黨或州／聯邦政府有密切關係的緣故。

2.以州屬為單位的分析

　　檳城在馬來半島北部，州內以閩南人為主，閩南語（福建話）可以說是檳城華人的共通語（lingua franca），無論是在商業買賣或日常生活聊天場合都很普遍。因此，當我們看檳城的客家社團語言使用情形時，會發現福建話似乎也扮演了一定的角色。極端的例子是北馬永定同鄉會，由於永定人來自福建，因此，福

建話成爲永定人的主要語言並不稀奇，無論是社團開會或會員互動，福建話都扮演了非常關鍵的角色，只有在辦理活動時，才會使用少量的華語與客語。檳城其他的客家社團，大多以華語爲主，包括了惠州會館和增龍會館，前者在活動與會員互動時也會使用少量的福建話，而後者在開會時則會參雜少量的客語。至於檳城客家公會則在各種場合中都以華語跟客語各半的方式來進行；嘉應會館則以客語爲主，但在社團開會和會員互動時也會使用少量的華語跟福建話。檳城大埔同鄉會除了會員互動時主要用客語外，其他時候都以華語爲主。整體來看，在檳城的客家社團裡，華語乃是最重要的溝通語言，客語的重要性還比福建話來得次要。

雪隆地區的華人主要溝通語言爲廣府話，但就我們所調查的五個客家社團組織，基本上都沒有以廣府話做爲它們開會、辦活動和會員互動的語言。在這裡，我們發現社團內使用客語是很頻繁的，特別是在開會的時候。譬如赤溪公館的會長就有意地要求在所有會館的場合裡使用客語，因此無論是開會、辦活動還是會員互動都使用客語；惠州會館也有類似的情形，其使用客語的自我評估比例皆高達90-100%。河婆同鄉會與茶陽會館在開會時使用客語，但活動與會員互動是客語華語各半。嘉應會館則是開會時以客語爲主，但在舉辦活動上完全使用華語，會員互動是客語華語各半。

馬六甲市區也是以福建人爲主流，市區的客家人並不多。過去，惠州客家人大多務農，因此散布在馬六甲郊區，但隨著城市的發展，很多惠州客家人也開始朝馬六甲市區或馬來西亞其他城鎮流動。馬六甲屬於南馬地區，這地區深受南方新加坡的影響。

在1980年代，新加坡政府提倡講華語運動，各種新加坡產製的電視與廣播節目，都紛紛從原來的多種華人語言，轉變爲以華語爲主。這也深深影響了馬來西亞南部州屬華人日常生活使用的語言，很多南馬華人家庭寧願將自家天線架高，以收視／聽新加坡的節目，因此，華語逐漸成爲南馬州屬華人的主流，特別是柔佛跟馬六甲兩州的華人。在本調查的四間客家社團中，幾乎都以華語爲它們開會、辦活動以及會員互動的主要溝通語，特別是馬六甲茶陽會館、惠州會館以及客家公會，都是如此。只有應和會館在開會跟辦活動時是華語客語各半，而在會員互動上則是以客語爲主。

柔佛州也是個以福建或潮州人爲主的地區，誠如前述，這個馬來半島的南端州屬的華人深受新加坡講華語運動的影響，華語在這裡很普遍。我們此次在柔佛州的調查總共6間，5間是客家公會，1間河婆同鄉會。在這裡，我們發現至少有3間客家社團組織，即笨珍客家公會、地南客家公會以及古來客家公會，華語幾乎已經成爲人們開會、辦理活動以及會員互動的主要語言。尚保留客語溝通的有昔加末客家公會。而在開會主要使用客語的峇株巴轄客家公會，在舉辦活動時是華語客語各半，會員互動則是以華語爲主。

東馬部分，在砂拉越州，主要樣本來自古晉地區的客家社團組織。古晉的郊區主要爲務農的河婆客家聚居地，不過在都市發展過程中，很多客家人也開始朝都市或其他新興城鎮遷移。但在古晉市區，福建人還是最大宗，且經濟與政治勢力也最強大。在調查的5個古晉客家社團中，它們的語言使用情形，幾乎都一面倒地以華語爲主，除了河婆同鄉會。另外一種情況就像惠東安公

會那樣，只有會員在互動時有較高比例使用客語。沙巴州大概是整個馬來西亞中，客家人數量佔華人人口大宗的唯一州屬。因此，我們在此調查的七間客家社團組織中，其中六間在語言的使用上都完全是客語，可見客語在沙巴的主導地位。比較特殊的是，沙巴河婆同鄉會開會時，會混用馬來語。

　　因此，綜觀本次調查的馬來西亞客家社團組織，在西馬的馬六甲和柔佛之客家社團大多受到南馬地區華語興盛的影響，在它們開會、辦活動以及會員互動上，華語都是主流，客語變成次要的語言。而在北部的檳城，華語也很興盛，但由於福建人在這裡乃是主流，福建話佔有主導地位，因此，可以發現除了華語之外，福建話的使用還比客語來得普遍。處於中馬的雪隆地區，雖然廣府話是這裡的優勢語言，但在我們所調查的客家社團組織裡，客家話還是有被保留下來。到了東馬地區，在砂拉越的語言使用情形也是華語佔優勢，這可能是因為砂拉越跟新加坡之間有著密切聯繫的結果。唯一還保留大量使用客語的州屬就是沙巴了，畢竟這裡是以客家人為主的華人社會，因此，在客家社團的各種場合裡採用客語，是相當合理的。

　　西馬的客家社團組織，除雪隆地區之外，幾乎都已經華語化了。而在東馬的客家社團組織，華語化的現象也出現在砂拉越的客家社團裡，只有沙巴州的客家社團還維持用客語做為主要溝通語言，但也開始受到華語的影響。跟印尼或紐澳等地區的客家社團語言使用情形比較起來，馬來西亞客家社團的華語化現象似乎折射出兩個重要的在地脈絡：第一，地／族緣組織的華語化現象說明，馬來西亞華人從1940年代以來的華文教育運動，逐漸成功地塑造／構建了華人作為這個群體的集體認同，搭配了各種獨

立後政府文化與教育政策的推波助瀾，使得華人更以華語做爲確立華人性的基礎。不過，構建這樣的集體認同並非全然順遂，它還是會受到地方特殊的族群和文化發展性質之影響。因此，我們在檳城看到了福建話出現在客家社團的溝通語言選項，或是雪隆地區的客家社團領導人刻意維持客語的使用，又或是沙巴的客語主導優勢下，客語使用的日常性。第二，與第一點相關的是，馬來西亞華人集體認同形塑過程中，其對應的他者正是國家所提倡的馬來人及其文化。因此，跟印尼及紐澳不同的是：馬來西亞的客家地緣組織所面對的對象就單純是華人或是各自的客家鄉親，它們並不需要辦理與當地國或跟當地主流族群相關的活動。因此，就不可能出現類似印尼客家社團使用印尼語，或紐澳客家社團使用英語的情形。這更說明了馬來西亞華人地緣組織在族群互動中的封閉性功能。

（三）馬來西亞客家社團組織的社會網絡內部分析

　　社會網絡內部分析是將會館組織視爲相互連結的內部網絡，依據「在舉辦活動時，曾經和哪些社團合作」、「與哪些社團分享活動訊息或出版訊息」、「在舉辦活動時會邀請哪些社團參加」、「在推展會務時或會務運作時，如果遇到困難會去找哪些社團尋求建議或協助」等問題，取得社團組織關係連結資料後，進行社會網絡分析。社會網絡內部分析方法主要有兩種：即點度中心性分析和次團體叢集分析。

1.中心性分析

　　我們將所訪談的客家／客家地緣組織的資料，分成州屬的層級，分別填入社團與社團之間活動發生頻率，製成如下的連結矩

陣（參見表5-3至表5-14），並繪製出各州屬客家社團組織的社會網絡圖，以便能看出個別社團呈現大小不同的結果。最後再根據網絡圖及中心性進行資料分析，藉以瞭解哪些客家／客家地緣

表5-3　雪隆客家地緣組織社會網絡連結矩陣

	雪隆惠州	雪隆茶陽	雪隆嘉應	雪隆河婆	雪隆赤溪
雪隆惠州	0	4	4	4	4
雪隆茶陽	4	0	4	4	4
雪隆嘉應	4	4	0	4	4
雪隆河婆	0	0	4	0	4
雪隆赤溪	0	0	4	0	0

表5-4　發送與接收點度中心性分析（雪隆）

	Degree	NrmDegree	Share
雪隆惠州會館	16	100	0.2
雪隆茶陽（大埔）會館	16	100	0.2
雪隆嘉應會館	16	100	0.2
雪隆河婆同鄉會	16	100	0.2
雪隆赤溪公館	16	100	0.2

表5-5　檳城客家組織社會網絡連結矩陣

	檳城大埔	檳城增龍	檳城嘉應	檳城惠州	檳城客家	北馬永定
檳城大埔	0	1	2	5	5	4
檳城增龍	0	0	2	5	5	4
檳城嘉應	0	1	0	4	5	4
檳城惠州	1	1	2	0	5	4
檳城客家	1	1	2	5	0	8
北馬永定	1	1	2	4	5	0

表5-6 發送與接收點度中心性分析（檳城）

	Degree	NrmDegree	Share
檳城客家公會	28	70.00	0.22
北馬永定同鄉會	24	60.00	0.19
檳城惠州會館	23	57.50	0.18
檳城嘉應會館	17	42.50	0.13
檳城增龍會館	17	42.50	0.13
檳城大埔同鄉會	17	42.50	0.13

表5-7 沙巴客家組織社會網絡連結矩陣

	根客家	根惠東安	庇客家	沙寶安	庇龍川	沙客聯	沙河婆	馬河源	沙大埔
根客家	0	3	0	0	0	7	0	0	0
根惠東安	3	0	0	0	0	0	0	0	0
庇客家	0	0	0	5	2	9	0	3	5
沙寶安	0	0	0	0	0	0	0	0	0
庇龍川	0	0	0	0	0	0	0	0	0
沙客聯	0	0	0	0	0	0	0	4	0
沙河婆	0	0	0	0	0	0	0	0	0
馬河源	0	0	0	0	0	0	0	0	0
沙大埔	0	0	6	4	5	0	0	0	0

表5-8 發送與接收點度中心性分析（沙巴）

	Degree	NrmDegree	Share
亞庇客家公會	25	34.72	0.26
沙巴暨納閩聯邦直轄區客家公會聯合會	20	27.78	0.21
沙巴大埔同鄉會	15	20.83	0.16
山打根客家公會	10	13.89	0.10
沙巴寶安同鄉會	9	12.50	0.09

亞庇龍川同鄉會	7	9.72	0.07
馬來西亞河源同鄉會	7	9.72	0.07
山打根惠東安公會	3	4.17	0.03
沙巴河婆同鄉會	0	0.00	0.00

表5-9　柔佛客家組織社會網絡連結矩陣

	昔加末客家	峇株巴轄客家	古來客家	地南客家	柔佛州河婆	笨珍客家
昔加末客家	0	1	0	0	0	0
峇株巴轄客家	2	0	0	0	0	0
古來客家	2	2	0	0	4	0
地南客家	0	0	0	0	0	0
柔佛州河婆	0	0	0	0	0	0
笨珍客家	2	2	0	3	0	0

表5-10　發送與接收點度中心性分析（柔佛）

	Degree	NrmDegree	Share
柔佛古來客家公會	8	40.00	0.24
柔佛笨珍客家公會	7	35.00	0.21
柔佛昔加末客家公會	6	30.00	0.18
柔佛峇株巴轄客家公會	6	30.00	0.18
柔佛州河婆同鄉會	4	20.00	0.12
柔佛地南客家公會	3	15.00	0.09

表5-11　馬六甲客家組織社會網絡連結矩陣

	馬六甲惠州	馬六甲應和	馬六甲茶陽	馬六甲客家
馬六甲惠州	0	5	5	4
馬六甲應和	7	0	6	5
馬六甲茶陽	7	5	0	5
馬六甲客家	7	4	7	0

表5-12　發送與接收點度中心性分析（馬六甲）

	Degree	NrmDegree	Share
馬六甲惠州會館	21	100.00	0.27
馬六甲茶陽會館	20	95.24	0.26
馬六甲客家公會	19	90.48	0.24
馬六甲應和會館	18	85.71	0.23

表5-13　砂拉越客家組織社會網絡連結矩陣

	河婆同鄉會	客家公會	會寧同鄉會	惠東安公會	大埔同鄉會
河婆同鄉會	0	7	6	5	7
客家公會	7	0	6	5	7
會寧同鄉會	7	7	0	5	7
惠東安公會	7	7	6	0	7
大埔同鄉會	7	7	6	5	0

表5-14　發送與接收點度中心性分析（砂拉越）

	Degree	NrmDegree	Share
砂拉越河婆同鄉會	28	100.00	0.20
砂拉越客家公會	28	100.00	0.20
砂拉越晉漢斯省大埔同鄉會	28	100.00	0.20
古晉惠東安公會	27	96.43	0.20
古晉會寧同鄉會	27	96.43	0.20

組織是該州或客家體系內社會網絡的重要行動者。

　　根據以上州屬的點度中心性分析結果，我們可以依各州屬進行其中心性的比較如表5-15。

　　從表5-15，我們可以看到雪隆客家地緣組織的社會網絡中心性（Network Centralization）為0，它們之間的異質性程度（Blau

表5-15　客家社團組織中心性比較（依州屬區分）

州屬／中心性（%）	網絡中心性	異質性程度	異質指數
雪隆	0	20	0
檳城	26.25	17.36	0.83
沙巴	25.60	16.69	6.27
柔佛	17.50	18.17	1.80
馬六甲	14.29	25.08	0.11
砂拉越	2.38	20.38	0.01

Heterogeneity）為20%，而其異質指數（Index of Qualitative Variation [IQV]）則是0，顯示雪隆客家地緣組織之間的同質性很高或變化很小。而且它們的差異最小，表示是同質性最高的網絡連結。其他如檳城、柔佛、馬六甲及砂拉越的客家社團組織異質性也不高，也是同質性高的網絡連結。在這之中，只有沙巴的客家社團組織的社會網絡中心性為25.60%，它們之間的異質性程度是16.69%，其異質指數為6.27%，稍高於其他州屬的客家社團組織，這可能跟沙巴州特殊的客家移民有關係。沙巴的客家移民跟西馬地區不同的是，除了客家、大埔、河婆是跟西馬有關連之外，其境內還衍生出更多元的客家類別，如河源、龍川、寶安等在西馬沒有的客家社團組織（請參考表5-7）。

　　進一步將連結點度區分成對外發送（Out-degree）和向內接收（In-degree）點度，其中向外度數是觀察行動者之間訊息的發送，表示社團組織主動發送訊息或連繫其他社團組織，發送的訊息數量越多，代表越能扮演社會網絡溝通者或促進者的角色，也表示其越有影響力。

　　根據表5-4、5-6、5-8、5-10、5-12及5-14，各州屬客家社團

表5-16　客家社團組織發送與接收點度中心性分析結果（依州屬區分）

州屬／點度中心性	發送	接收
雪隆	惠、埔、嘉＞河＞赤	嘉、赤＞河＞惠、埔
檳城	埔、客＞增＞嘉＞惠、永	客＞永＞惠＞嘉＞增＞埔
沙巴	庇客＞埔＞山客＞客聯＞東＞寶、河、源、龍	客聯＞寶＞源、龍＞庇客＞埔＞山客、東＞河
柔佛	古＞笨＞巴＞昔＞地、河	昔＞巴＞河＞地＞古、笨
馬六甲	應、客＞茶＞惠	惠＞茶＞應、客

組織的發送與接收點度中心分析整理成表5-16。

　　從表5-16可以發現，在雪隆地區經常對外發送訊息、主動邀請合作或提供服務的客家地緣組織爲惠州、茶陽（大埔）以及嘉應，接下來是河婆，最後則是赤溪。

　　向內度數是觀察行動者之間訊息的接收，表示有多少他館發送訊息或聯繫本館，接收越多訊息者，顯示其具有越高的聲望或是他館希望獲得其認可或是邀請其參加活動。根據向內度數中心性的計算結果，雪隆地區是以嘉應和赤溪拔得頭籌，它們獲邀參加活動最多，代表他館願意與之交流或尋求其合作；河婆次之；惠州與茶陽（大埔）反而墊底。這可能是因爲財力與人力均龐大的雪隆惠州和茶陽（大埔），它們所獲邀的其他活動（包含非客家與非雪隆地區的）比其他3個組織均來得大，因而無暇應付雪隆其他客家團體的邀約。

　　檳城的客家社團中，大埔與客家在對外發送訊息、主動邀請合作或提供服務最多，然後是增龍、嘉應、惠州跟永定；而向內接收訊息則是按客家、永定、惠州、嘉應、增龍到大埔來排序。檳城客家公會似乎是檳城不管是對外發送或向內接收訊息的重要

機構。至於沙巴州，從蒐集的資料中可以發現，亞庇客家公會在發送訊息上領先其他的客家社團，然後是大埔、山打根客家、沙巴暨納閩客聯、山打根惠東安，最後則是寶安、河源、河婆及龍川。在向內接收訊息方面，則沙巴暨納閩客聯最多，然後是寶安、河源、龍川、亞庇客家、大埔、山打根客家及惠東安，最後是河婆。沙巴州亞庇客家公會是年代悠久且家業龐大的客家組織，其對外發送活動或出版訊息也多。而沙巴暨納閩客聯是個州級的客家公會總機構，只是它是由不同的客家公會輪值負責運作，很多的活動似乎都是屬會來進行，邀請客聯參加。另外，在沙巴州，無論是對外發送或向內接收訊息上，沙巴州河婆同鄉會似乎都是最少的，這一方面說明了河婆鄉親在沙巴州乃是少數，且它跟其他的客家社團組織之間的關係似乎也最為遙遠。

　　柔佛州的客家社團中，對外發送訊息以古來客家最多，其次依序為笨珍客家、峇株巴轄客家、昔加末客家，以及墊底的地南客家與河婆同鄉會；但在向內接收訊息上，情況就倒轉過來，古來客家與笨珍客家最少，為昔加末客家、峇株巴轄、河婆及地南客家所超越。馬六甲州的客家社團組織的對外發送與向內接收也有類似的情形，即在對外發送訊息上以應和及客家最多，茶陽和惠州次之，但在向內接收訊息時，惠州和茶陽反而領先，應和與客家墊底。

　　綜觀這5個州屬的發送與接收點度中性分析結果，可以發現三種不同的模式：一是以雪隆、柔佛及馬六甲為範例的發送和接收情況對調，即在發送訊息強的社團，到了接收訊息時就變弱；另外一種是像檳城的客家社團那樣，同樣一個客家社團佔據發送與接收訊息的強勢端，在這個例子中是指檳城客家公會；最後一

表5-17　客家公會體系社會網絡連結矩陣

	馬客聯	森客聯	根客	庇客	甲客	檳客	沙客聯	昔客	巴客	古客	地客	珍客
馬客聯	0	1	1	1	0	0	4	0	0	1	1	1
森客聯	1	0	0	0	0	0	2	0	0	0	0	0
根客	1	0	0	0	0	1	2	0	0	0	0	0
庇客	1	1	0	0	0	1	2	0	0	0	0	0
甲客	1	0	0	0	0	0	2	0	0	0	0	0
檳客	1	0	0	0	0	0	2	0	0	0	0	0
沙客聯	0	0	0	0	0	0	0	0	0	0	0	0
昔客	1	0	0	0	0	0	0	0	0	0	0	0
巴客	1	0	0	0	0	0	2	0	0	0	0	0
古客	1	0	0	0	0	0	2	2	0	0	0	0
地客	1	0	0	0	0	0	2	0	0	0	0	0
珍客	1	0	0	0	0	0	2	2	0	3	0	0

種則是像沙巴的客家社團組織般，同一個社團（在這裡指的是河婆同鄉會）同時在發送與接收訊息上都處於弱勢。是否其他馬來西亞州屬的客家社團組織都落入這三種模式則有待進一步的探討。

　　從州屬的層級，只能就所蒐集到的各種客家系統的社團組織進行資料分析，因此，彼此之間的關係可能因為屬於不同客家系統而顯得生疏。也就是說，如果我們將點度中心性的分析層級定位在客家系統上，情況會否有差別呢？為了對此有所答覆，將蒐集最多資料的客家公會系統進行了以下分析，見表5-18。

　　結果顯示客家公會系統的社會網絡中心性為28.48%，它們之間的異質性程度是12.29%，而其異質指數則是4.98%。由於都

表5-18　客家公會體系發送與接收點度中心性分析

	Degree	NrmDegree	Share
沙巴暨納閩聯邦直轄區客家公會聯合會	22	36.67	0.22
馬來西亞客家公會聯合會	19	31.67	0.19
柔佛古來客家公會	8	13.33	0.08
柔佛笨珍客家公會	8	13.33	0.08
砂拉越客家公會	7	11.67	0.07
柔佛昔加末客家公會	7	11.67	0.07
沙巴亞庇客家公會	5	8.33	0.05
檳城客家公會	5	8.33	0.05
山打根客家公會	4	6.67	0.04
森美蘭客家公會聯合會	4	6.67	0.04
柔佛烏魯地南客家公會	3	5.00	0.03
馬六甲客家公會	3	5.00	0.03
柔佛峇株巴轄客家公會	3	5.00	0.03

是客家公會系統內的屬會，理當是同質性很高或變化很小的社團，因此客家公會系統是同質性高的網絡連結。進一步將連結點度區分成對外發送和向內度數，根據表5-18，可以發現沙巴暨納閩聯邦直轄區客家公會聯合會以及馬來西亞客家公會聯合會，其對外發送與向內接收的點度最高，顯示它們作爲全國或全州客家公會總機構所具備的功能：無論是邀請所有屬會參與其活動或合作辦理活動，抑或是接受屬會的邀約參與活動。我們也可以從所繪製的網絡圖看出這些聯合會所扮演的核心地位（參考圖5-1）。

　　鑒於無法進行整個客家體系的母群樣本資料蒐集，因而無法繪製出更全面的網絡圖，我們試著進行另外一個客家系統——大

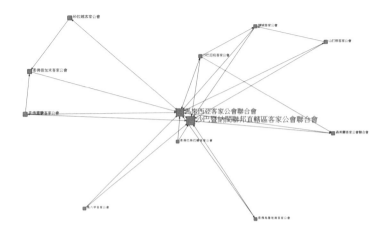

圖 5-1　客家公會體系網絡圖

埔——的分析（參考表 5-19、表 5-20 以及圖 5-2）。

　　點度中心性分析的結果顯示大埔茶陽系統的社會網絡中心性為 69.00%，它們之間的異質性程度是 19.57%，而其異質指數則是 3.49%，也因為是大埔茶陽系統內的屬會，因此高度同質性的網絡連結是可以理解的。進一步將連結點度區分成對外發送和向內度數，根據表 5-20，可以發現馬來西亞大埔（茶陽）社團聯合會，是所有被調查的各地大埔茶陽會館對外發送與向內接收的核心節點，這也顯示它作為全國大埔茶陽社團總機構之功能。從圖 5-2 可以看出埔聯所扮演的核心地位。[6]

6　在鍾豔攸的著作中，雖然也進行有關大埔會館的社群網絡問卷調查，但她只進行所調查的個別大埔會館跟其他非客家及非華人社團之間的網絡關係，跟此處所討論的大埔社團之間的關係又不一樣。參考鍾豔攸（2018：162-164）。

表5-19　大埔茶陽體系社會網絡連結矩陣

	檳大埔	馬埔聯	甲茶陽	雪隆茶陽	沙大埔	砂大埔
檳大埔	0	5	3	0	1	0
馬埔聯	2	0	0	1	4	0
甲茶陽	0	5	0	0	1	1
雪隆茶陽	0	5	3	0	1	1
沙大埔	0	5	3	0	0	0
砂大埔	0	5	3	0	1	0

表5-20　大埔茶陽體系發送與接收點度中心性分析

	Degree	NrmDegree	Share
馬來西亞大埔（茶陽）社團聯合總會	25	100.00	0.30
馬六甲茶陽會館	17	68.00	0.21
沙巴大埔同鄉會	11	44.00	0.13
砂拉越晉漢斯省大埔同鄉會	10	40.00	0.12
雪隆茶陽（大埔）會館	10	40.00	0.12
檳城大埔同鄉會	9	36.00	0.11

　　從以上兩個客家社團系統來推論，我們可以說馬來西亞的諸個客家系統基本上是階層化的組織結構，在這個結構中，理當可以將聯合會或總會看成整個結構的核心。但，我們還是得承認在各個州屬的客家社團組織之間的關係還比其客家系統內屬會的關係來得密切，有時甚至地方上的客家社團組織跟地方上的其他非客社團組織互動，比跟同地區的其他客家社團來得頻繁。譬如在馬六甲市區的茶陽會館、客家公會以及惠州會館，它們在辦活動的時候，除了會邀請相關的客家社團參與外，也會邀約在市區附近的其他籍貫會館或血緣性組織參加，並非所有的活動都跟所屬的客家系統的屬會有關。還有一種情況也是很普遍的，那就是許

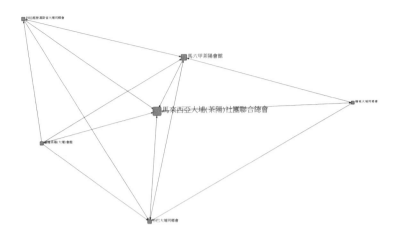

圖 5-2　大埔茶陽體系網絡圖

多客家社團除了是各該客家系統的屬會外，也會加入廣東或潮州
的社團組織裡。譬如許多州屬的茶陽（大埔）會館也同時是潮州
會館聯合會的屬會，如此，它跟潮州的各個屬會之間就會有密切
的互動；或是如惠州跟嘉應會館也是廣屬總機構的成員，因此跟
廣屬成員間也會相互邀約；另外，在一些州屬，如沙巴亞庇有華
人同鄉會館聯合會，提供沙巴亞庇各個同鄉會館之間的互動等
等，但這些都不在我們此次的分析中。

2. 次團體叢集分析

　　次團體叢集分析旨在瞭解不同的客家社團組織之間彼此的接
近性，即在空間中形成次團體或群集的現象，如圖5-3至圖
5-8，為各州屬客家組織社會網絡圖以進行比較及討論。

　　由圖5-3到圖5-8，顯示各州屬的客家社團組織基本上並沒
有上下關係，換句話說，它們並沒有階層化的關係。相反的，這

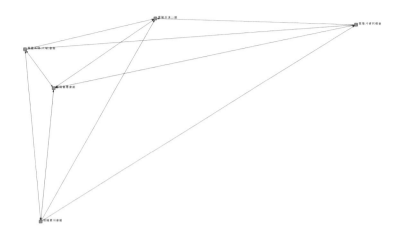

圖 5-3　雪隆客家地緣組織網絡圖

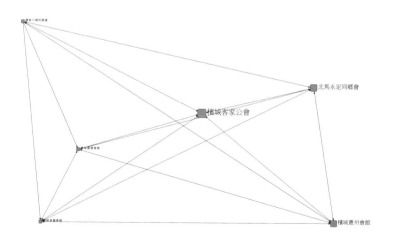

圖 5-4　檳城客家社團組織網絡圖

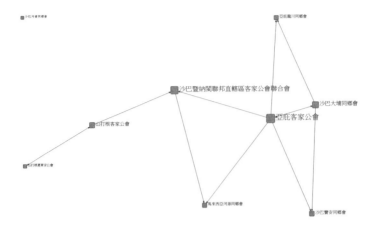

圖 5-5　沙巴州客家社團組織網絡圖

圖 5-6　柔佛州客家社團組織網絡圖

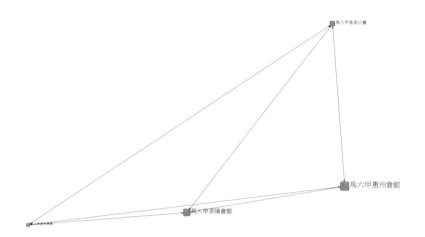

圖 5-7　馬六甲州客家社團組織網絡圖

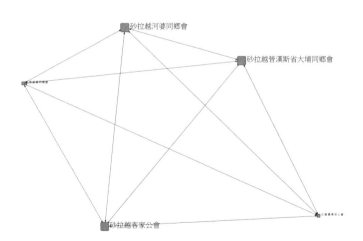

圖 5-8　砂拉越州客家社團組織網絡圖

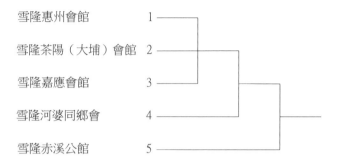

圖 5-9　雪隆客家地緣組織次團體叢集分析

些客家社團之間彼此獨立，因此，在這些網絡圖中所看到的是各自獨立，只是在這些地區裡，客家社團之間的關係親疏還是存在的。基本上，雪隆客家地緣社團之間的距離沒有太大的差別，唯一處於邊緣地位的是河婆同鄉會。也就是說，它們彼此之間並沒有誰處於核心或中心點，只能說茶陽（大埔）跟嘉應之間較親近，而惠州則跟赤溪較接近。在檳城，則是大埔跟嘉應，以及惠州跟增龍之間關係較接近。另外，檳城客家公會是重要的節點，比較次要的是永定跟惠州，而大埔、增龍及嘉應就更邊緣了。在沙巴的資料中，發現亞庇客家及沙巴客聯是這組資料的重要節點，在這之下則有大埔，然後河源、龍川、寶安以及山打根客家次之，最後則是處於邊陲的山打根惠東安。柔佛地區基本上呈現出不相上下的4個節點，分別是笨珍、古來、昔加末和峇株巴轄的客家公會，而地南客家跟河婆則在外圍。馬六甲是以惠州為核心，外加茶陽與客家，最後則是嘉應。在砂拉越，河婆、客家以及大埔構成3個重要節點，惠東安和會寧則處於邊陲地區。州屬

圖 5-10　檳城客家組織次團體叢集分析

的客家社團之間的關係有的等距，有的則呈現大小不一的疏密關係。

　　爲求對各州屬客家社團間的網絡關係有更全面的瞭解，我們需進一步進行次團體叢集分析，其分析結果如圖5-9到圖5-14。

　　次團體叢集分析意在找出社團組織之間關係的疏密，越靠近的會館，代表其連結關係越緊密，反之亦然。從圖5-9的觀察中，雪隆地區的客家地緣組織之間，第一組次團體組合爲惠州與嘉應，兩個會館之間地理距離接近，活動與訊息交流當然比較頻密；第二組則是茶陽（大埔）跟河婆；第三組是加上赤溪。很顯然赤溪在彼此的關係遠近上最遠。

　　從圖5-10的觀察中，可以看出在檳城的組合裡是累進式的，也就是客家跟永定是一組，之後加上惠州成爲第二組，然後加上嘉應爲第三組，再加上增龍爲第四組，最後則是加上大埔成爲第五組。

　　沙巴客家社團就顯得複雜多了（如圖5-11），亞庇客家跟大

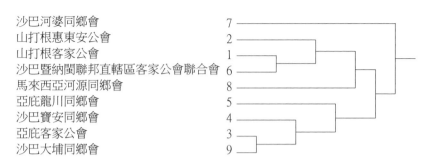

圖 5-11　沙巴客家組織次團體叢集分析

埔是第一組，加上寶安成為第二組，再加上龍川成為第三組；另外，山打根客家與沙巴暨納閩客聯形成第四組，然後加上惠東安成為第五組，再加上河源成為第六組。一二三組合又與四五六組合形成第七組，最後則是加上河婆同鄉會成為第八組。就如雪隆的赤溪一樣，沙巴的河婆同鄉會也是個跟沙巴其他客家社團關係比較疏遠的組織。

　　從圖5-12的分析結果顯示地南與笨珍形成一個次團體，而古來跟河婆形成另外一次團體，峇株巴轄則跟昔加末形成第三個次團體。第二組跟第三組合形成第四組合，第四組合再和第一組合形成第五組合。

　　馬六甲的客家社團次團體相對單純多了，在這裡茶陽跟客家形成第一個組合，惠州則跟應和成為第二個組合，最後兩個組合聯合起來成為第三個組合。

　　至於砂拉越的客家社團之次團體則類似於雪隆，從圖5-14我們可以看到河婆跟大埔是一個組合；客家公會則跟會寧形成第二個組合，然後再加上惠東安成為第三個組合。

因此，就次團體叢集來看，各州屬的客家團體的親疏關係上，可以看出雪隆赤溪公館、檳城大埔同鄉會、沙巴河婆同鄉會

圖 5-12　柔佛客家組織次團體叢集分析

圖 5-13　馬六甲客家組織次團體叢集分析

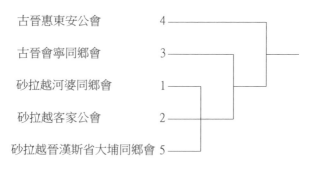

古晉惠東安公會　　　　4

古晉會寧同鄉會　　　　3

砂拉越河婆同鄉會　　　1

砂拉越客家公會　　　　2

砂拉越晉漢斯省大埔同鄉會 5

圖 5-14　砂拉越客家組織次團體叢集分析

以及砂拉越古晉惠東安公會，是在各州屬客家社團關係中比較疏遠的，這可能跟這些客家亞群在該州的人數優劣勢有關係。

（四）馬來西亞客家社團組織社會網絡外部分析

就馬來西亞國內社會、經濟、政治人物及組織的聯繫網絡來看，發現以下的趨勢：

1.各地客家社團組織

以個人為會員的客家社團組織，一方面都以社團所在地區的其他客家或非客家，甚至非地緣組織為主要互動對象。這是可以理解的，畢竟對這些客家社團而言，平常最易於聯繫互動的對象當然是就近地區的其他社團組織了。另一方面，大多數的客家社團也會與自己所屬的客家系統內的其他國內的屬會有來往，譬如互邀參加彼此的會慶、互相交換出版品、聯合舉辦活動如保齡球賽、歌唱比賽等等。最後一種則是客家社團組織也同時屬於省級的廣東或潮州會館的團體會員，在這樣的情況下，它們也會跟廣

東或潮州會館有互動，或是它們會跟廣東的其他縣市級的地緣社團共同管理墳場，譬如吉隆坡的廣東義山就是一個這樣的例子（因此惠州、嘉應、茶陽大埔就屬於廣東義山的共治單位）；或是共同治理廟宇，譬如檳城的五屬大伯公廟就是由五個檳城客家社團（增龍、惠州、永定、大埔和嘉應）所共治的。在我們所調查的客家社團中，像馬來西亞海陸以及馬來西亞河源這樣的全國唯一社團，它們基本上沒有其他國內屬會可以互動，或許是成立時間還很短，因此造成它們跟國內的社團互動比較少的現象。

　　與社會賢達人士的接觸，也大多來自同一或不同客家系統的商人或是自身會館的創始人或前任會長等等，譬如在檳城客家社團中出現的彭永添（曾任檳城客家公會會長）、劉志榮（五屬大伯公廟會長）、胡順興（曾任北馬永定同鄉會會長）、胡欣華（曾任檳城客家公會副會長）和謝詩堅（曾任檳城客家公會會長）等。同樣的現象我們可以在砂拉越、馬六甲、沙巴和柔佛的客家社團所聯繫之社會賢達人士名單看出來。換句話說，從這些客家社團所密切聯繫的社會賢達之性質，我們可以總結出兩個特點：一、這些跟各地客家社團有往來的社會賢達通常都是來自同一個州屬或地區；二、他們有些是同鄉的商人或社會聞人，在此情況下，可能是來自同個／不同地區。這些社會賢達往往也成為特定地區社團得以產生聯結的重要關係人。

　　各地客家組織基本上都必須跟馬來西亞政府內政部社團註冊局打交道，因為社團註冊局是管理馬來西亞所有民間社團以及政治組織的單位，所有民間社團每年都必須呈交會議紀錄、資產或基金報告給註冊局。除了社團註冊局外，個別客家社團可能還會因為配合政府的旅遊活動而與州旅遊局（以檳城客家社團為

主）、稅務局、土地局、國民登記局（跟婚姻登記有關）等有所互動。整體來看，客家社團跟政治／政府單位以及個人的關係，有以下的特性：一、由於客家社團乃是民間組織，因此，它們必須跟許多政府部門打交道（如前述的社團註冊局是必然的）；二、在一些州屬，特別是檳城和沙巴這兩州：檳城是馬來半島唯一一個華人為多數的州屬，因此，從過去到現在，州政府都是由華基政黨（以華人為主的政黨）組成，因此，檳城的客家社團也就跟州政府有比較密切的關係；而東馬沙巴州的政治不同於其他州屬，它主要為非馬來人土著族掌權，跟華人社會維持密切的關係，因此，沙巴州的客家社團的問卷裡會出現首席部長署、市政局、州政府等這些政治機構；三、在政治人物的互動上，客家社團基本上都會跟在地的從政人員（州議員、國會議員、市長甚至州或聯邦的部長）有互動，也會尋求各個華基政黨——馬華公會、民政黨、民主行動黨、砂拉越人民聯合黨、沙巴團結黨——之協助。

2.客家聯合會／總會組織

以團體為會員的全國層級的客家社團組織，由於所屬層級是各該客家系統的最高機構，因而其與國內社會組織互動的對象似乎就會限定在全國或州屬等級的客家或非客家或非地緣社團的聯合總會為主。一個最明顯的例子就是馬來西亞惠州聯合總會，它在國內的主要往來對象分別為：馬來西亞中華大會堂、馬來西亞客家公會聯合會、馬來西亞華人文化協會、馬來西亞排球總會、馬來西亞二十四節令鼓協會、馬來西亞廣肇會館聯合會、馬來西亞廣東會館聯合會、馬來西亞海南會館聯合會、馬來西亞文化諮詢委員會以及馬來西亞七大鄉團協調委員會；當然它跟各州屬會

的關係還是有的。從這樣的聯繫網絡來看，我們可以發現全國性的客家社團，基本上就是作爲協調其所代表的整體客家系統，跟國內其他地緣（如馬來西亞七大鄉團協調委員會、馬來西亞廣肇會館聯合會、馬來西亞廣東會館聯合會和馬來西亞海南會館聯合會）或文緣（像馬來西亞華人文化協會、馬來西亞二十四節令鼓協會和馬來西亞文化諮詢委員會）等等社會組織之間的溝通協調單位。

大部分馬來西亞的客家社團似乎都沒有與商業組織／人物有密切來往，可能是因爲社團本身領導層就是商人有關，只有少部分社團如馬來西亞客家公會聯合會、馬來西亞惠州聯合總會和柔佛峇株巴轄客家公會有提到商業組織或人物。其中，峇株巴轄客家公會提到的林貴民和蕭慶璋，基本上是該公會的前任與現任會長，說明了其實大部分的客家社團都會找自身的同鄉商人贊助或提供其他經濟上的幫助。而客聯所接觸的大財團，也有類似的現象，譬如雙威集團的謝富年、吉隆坡甲洞集團的李萊生，以及雪蘭莪實業的溫典光等，都具有客家背景，跟地方或全國客家公會組織的關係密切。至於惠聯所提供的名單就複雜多了，也許跟晚近中國一帶一路戰略布局有關，早前中國企業就透過馬來西亞的華資或國家企業，聯合要在彭亨州關丹建立港口，而目前惠聯總會長是彭亨惠州會館擔任，因此，惠聯就成爲了這個投資計畫的其中一個聯繫互動的對象。所以，我們看到名單中有：馬中總商會（處理馬來西亞與中國貿易商業往來的商會組織）以及關丹港務局（總經理拿督凱努）這些單位。另外，可能是因爲這樣的一個大型跨國投資計畫，所涉及的華商企業也非常廣泛，在名單上有星洲媒體集團、星報媒體集團、KYW Group集團主席拿督斯

里紀永輝、馬來西亞中華總商會署理總會長丹斯里林錦勝、星報媒體集團董事經理拿督呂炳貴、星洲媒體集團執行董事許春、大馬富貴集團行政總裁丹斯里鄺漢光、天成控股有限公司董事主席丹斯里劉天成、星辰集團董事主席丹斯里關炳順、實康集團副執行主席丹斯里鄭添利以及馬星集團總執行長丹斯里梁海金。換句話說，客家社團聯合會或總會不只在社團組織和人物上，也在經濟領域以及跟各行各業的商人互動上，比起各地的屬會有更大機會可以跨越地域以及客家組織。

政治組織或人物上，客家的聯合會或總會組織也比較有機會與聯邦政府部門有所聯繫，也就是說，它可以超越地方性的侷限，而與國家政府各個部門有互動。譬如惠聯所填寫的馬來西亞交通部、首相署、教育部、財政部、國際貿易及工業部等等，而它所聯繫的從政者也以在朝的華基政黨及其部長或副部長為主，諸如當時的馬華總會長兼交通部長拿督斯里廖中萊、財政部副部長拿督李志亮或民政黨主席兼種植及原產業部部長拿督斯里馬袖強等等。

總體來說，馬來西亞的客家社團，無論是屬會或聯合會組織，基本上在國內的社會、經濟與政治組織跟人物的互動都還是以在華人圈子為主，即便跟當地政府有聯繫也是透過政府內的華人或客家代表。

就客家社團組織跟國外社會、經濟、政治人物和組織的聯繫情形，一樣將之分成兩個類別來談：

1. 各地客家社團組織

各地客家社團組織與國外社會組織互動上，根據本研究的調查樣本，整理出表5-21。

表5-21　馬來西亞客家社團與國外社團互動往來次數統計

國家	次數	國家	次數
新加坡	23	臺灣	15
印尼	8	泰國	8
中國	8	香港	7
汶萊	2	緬甸	1

　　從上表可看出，馬來西亞客家社團跟新加坡相關的客家團體之間有最多／頻密的互動。畢竟這兩國在1963年分開前，民間團體基本上是一體的，直到1970年代才因為兩國社團註冊法令規範，使得一體性的民間組織必須一分為二。雖然如此，雙方之間還是維持著非常密切的關係，因此，反映在上表的互動頻率上也是如此。在民間組織方面，跟馬來西亞客家社團有來往的國家是臺灣，特別是臺灣的世界客屬總會和臺北的大埔、東安同鄉會，以及客家電視台和一些設有客家學院的臺灣大專院校。排名第三的國家有三個，分別是泰國、印尼和中國，前兩者也是馬來西亞的鄰國，民間組織向有往來，特別是印尼蘇門答臘島以及泰國南部距離馬來半島近，彼此的關係很密切。而中國民間社團則是晚近才興起，隨中國的對外開放，開始與中國以外地區的同鄉互通聲氣；再來是香港的客家社團，總共出現七次。而汶萊則因為在婆羅洲島上，因此，它境內的客家組織必然會跟同在婆羅洲島的沙巴或砂拉越的相關社團有所互動；最後則是緬甸這個晚近才對外開放的國家，其境內的客家社團以永定同鄉為主。

　　在經濟組織上的聯繫基本上也都是空白的，顯示馬來西亞客家社團跟國外經濟組織或人物之間並沒有任何的互動，唯一例外是檳城客家公會跟該地臺商協會一起合辦臺灣之夜。

就調查資料顯示，馬來西亞客家社團跟國外政治組織或人物的接觸，基本上就分成兩個：一個是臺灣，另一是中國。前者在1980年代末興起客家運動後，隨後即進一步將客家體制化，使客家成爲政府事務的一部分，因此，是世界上唯一具有客家部門的國家；後者則是歷史上所有海外客家的原鄉，也在改革開放後，在政府的大力推動下，動員了幾乎從縣市到中央部門，對海外的客家人進行了頻密的互動交流。調查資料中，中國官方或半官方組織在82筆資料中佔了70筆，約85%；臺灣的官方組織則只有12筆或15%，其間的懸殊可見一斑。若再深入探討這些國外政府機構／人物的性質，可以得出以下的圖像：

　　（1）臺灣部分：主要是客家委員會的參訪交流，僑務委員會和臺北經濟文化辦事處都只出現一次。

　　（2）中國部分：可以分成幾個不同的系統：

　　第一種是省縣市爲主的政府，這是跟馬來西亞客家最直接相關的原鄉或訴諸鄉情的政治單位，譬如揭西縣、永定縣、深圳市、東莞市、寧化縣、台山市田頭赤溪鎮、廣東省、惠州市、梅州市、興寧市、蕉嶺縣、河源市以及海陸豐等地區的地方政府單位。

　　第二種是中國各層級的僑務系統組織，受到中國共產黨中央所領導，對海外華僑華人進行統一戰線的工作。各層級的名稱眾多，有號稱爲非政府組織或人民團體的華僑聯合會（簡稱僑聯，是中國共產黨與政府聯繫海外華僑華人的重要橋樑，亦是中國人民政治協商會的成員）、海外聯誼會（主要目的是爲了促進祖國統一）；也有各層級政府或共產黨的執行單位，譬如僑務辦公室（簡稱僑辦，是中共中央統一戰線工作部在地方政府的對外執行

單位）、歸國務院僑務辦公室業務指導的海外交流協會，以及外事僑務局（執行中央與上級的外事僑務工作的地方單位）。總的來說，這些具有官方或半官方色彩的對外工作單位，可以說都是以中國共產黨中央統一戰線部的政策爲最高指導原則。

第三種則是跟商貿或招攬遊客有關的政府單位，譬如梅州市旅遊局、對外貿易局招商引資辦公室等。

2.客家聯合會／總會組織

統合客家聯合會／總會組織跟國外社會團體／個人的聯繫網絡，如表5-22。

表5-22　馬來西亞客家聯合／總會組織與國外社會團體／個人聯繫

國家	次數	國家	次數
其他國家	12	印尼	5
臺灣	5	中國	4
香港	4	泰國	3
新加坡	2	澳門	1

從所蒐集的資料中，可以發現幾個特點：

（1）相對於各地客家社團組織主要對外聯繫對象以東南亞鄰國的客家相關社團爲主，聯合會／總會的對外接觸則主要是其他國家，如日本、加拿大、美國或英國的相關組織。可能是因爲做爲聯合會或總會，扮演了該客家系統社團的對外窗口，因此，國外的社會組織就會以聯合性質的社團組織爲拜訪對象。

（2）臺灣社團組織除了臺北大埔同鄉會這類客家性質的社團外，還包括了演唱客家歌曲的臺灣山林向陽合唱團，以及臺灣新莊鼓藝團、臺灣中華－臺北武術協會以及臺灣中國嗣漢道教協

會等跟客家未必有直接關係的社團組織。在中國的社團組織部分也一樣，有全國客家崇正會聯合會和惠州市東江文化兩縱歷史研究會（與客家有關），和廣東省漢文化促進會，以及中國傳統文化促進會國際交流委員等（跟客家沒有直接關聯的社團組織）。

（3）至於東南亞和香港的社團組織，則主要為傳統的客家社團。

除了惠聯外，其他的聯合會／總會基本上都沒有提及它們跟經濟或商業組織的關係。我們知道，隨著中國成為世界第二大經濟體，尤其是中國政府倡議的「一帶一路」，使得其間潛藏的商機，成為馬來西亞宗鄉團體紛紛成立「會外會」的商會，以加強跟中國商業團體聯繫，進而取得經濟上的實惠。譬如大馬福建社團聯合會（福聯會）籌設「大馬福建總商會」外、大馬惠州聯合總會也籌設「東協─馬中經貿文化促進會」、大馬海南聯合會則有「大馬海南商會」、大馬潮州公會聯合會則是「大馬潮州工商總會」、大馬劉氏總會的「大馬劉氏總商會」，以及大馬林氏宗親會總會的「世界林氏總商會」等。[7] 因此，在這樣的脈絡下，我們可以看到惠聯跟中港臺的商業經濟組織具有頻密的交流，特別是中國的國家或私人企業，譬如中國盤錦興達集團、惠州市港務管理局、惠州市港口投資集團、惠州市經典照明電器股份有限公司、惠州市天志實業有限公司等等。這樣的商業連結，也擴及歐美各國，如荷蘭廣東華商總會、澳大利亞深圳總商會、英國番

7　參考經濟部投資業務處，〈馬來西亞華團轉型，紛紛籌組經濟型商會，搶奪中國大陸一帶一路商機〉，於 https://www.dois.moea.gov.tw/doisbin/qd_fdr.exe?STARTPRO=../bin/news.pro&template=display&flag=main&num_DATA_SINGLE=1060613155243。

禺工商聯誼會等等。

最後則是聯合會／總會與國外組織／個人的連繫情形，基本上與各地客家社團類似，也都是集中在臺灣跟中國，只是臺灣的官方機構如客家委員會和臺北經濟文化中心都只是個位數的拜訪交流次數，餘者大多為中國的官方代表，如僑聯、僑辦、海外交流協會、海外聯誼會。唯一的差別在於聯合會組織，特別是惠聯，可以直接跟中國的高層有接觸，譬如中國國務院僑務辦公室、中國中央統戰部、國務院僑辦文化司華文教育發展中心、中共中央對外聯絡部、中共深圳市委統戰部以及中共廣東省惠州市委員會等。

因此，在對外社會、經濟與政治組織和人物的連繫上，受訪的馬來西亞客家社團基本上係以東南亞區域，以及中港臺的相關社會組織為主，是一種同類相聚的現象。它們基本上跟國外的經濟組織或商會沒有接觸，除了惠聯在中國一帶一路政策下另外成立了會外會來處理商貿的相關問題外，其他社團組織基本上在這部分也都是空白的。政治的部分則似乎延續了過去的中臺兩岸競逐的模式，只是目前中國擁有強大的經濟實力，並透過其統戰部門全面且積極拉攏馬來西亞的客家社團組織，形成跟臺灣交流的強烈對比。

以上是透過蒐集的資料所進行的整體分析說明，接下來瞭解個別州屬客家社團的外部社會網絡情形。社會網絡外部分析是以跟客家社團廣泛連結的人（人物或組織）、事（活動）、地（地區）為主體所進行的網絡分析。在本文的訪談大綱裡，會詢問有關「會館經常聯繫的商業組織、社會賢達或政治人物或組織」、「會館過去兩年舉辦過哪些活動」、「經常聯繫的國外地區、中

國、臺灣的政府部門、商業組織以及民間團體」等，將這些蒐集的資料加以整理編碼並製成 Notelist 來加以分析，最後繪製成社會網絡圖（請參考圖 5-15 至圖 5-20）。

　　會館的外部社會網絡，指的是跟這些會館經常聯繫的國內外之個人、組織與活動。結果發現，幾乎每個地區的客家社團組織所提供的資料都超過百筆以上。這些資料必須經過篩檢及正規化以進行分析，因此再將這些資料精簡成數個類別，以能更清楚說明各地區客家社團組織對外的資源連結之分布及其重要性。以下即以所蒐集的各州資料來加以闡述。

　　依照不同的「向內度數」加以排序，將客家社團外部網絡節點區分成三個層次，分別為核心組織、州內重要組織／單位與活動，以及國外組織與活動。

　　砂拉越客家社團外部網絡點度中心性，將這些資料分成三大類別，分別是：（一）核心組織；（二）次密切社團組織，以及（三）國外單位與政府／政治人物／政黨。在第一類的核心組織就是此次所調查的客家社團：河婆、惠東安、客家、大埔以及會寧，另外在核心組織之外，透過特刊的出版也是大部分社團向內接收頻繁的項目，換句話說，透過特刊的出版與交換來連結彼此的關係。

　　第二個類別的其他古晉華人社團，包括廣惠肇、詔安、廣東、海南、潮州、福建、興安、雷州等，這些社團都是在古晉的華人社團，彼此之間互動往來，特別是客家社團有的又與廣東或潮州的會員重疊，因此彼此關係本來就很密切。在這個類別裡，還出現了沙客聯和客聯，畢竟除了客家／客屬為名的社團為客聯的成員外，做為名義上客家人的聯合總會，在舉辦活動的時候還

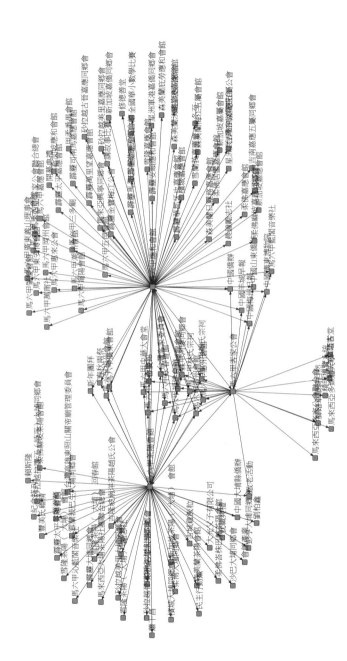

圖 5-15　馬六甲客家社團外部社會網絡

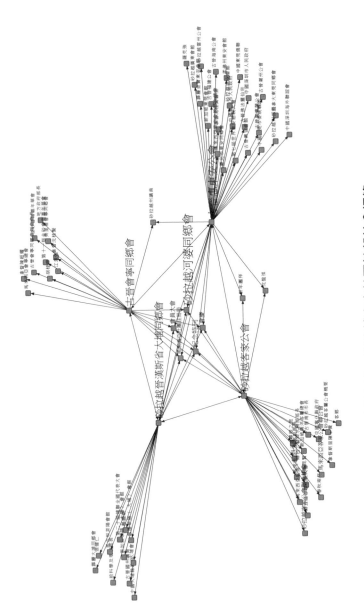

圖 5-16　砂拉越客家社團外部社會網絡

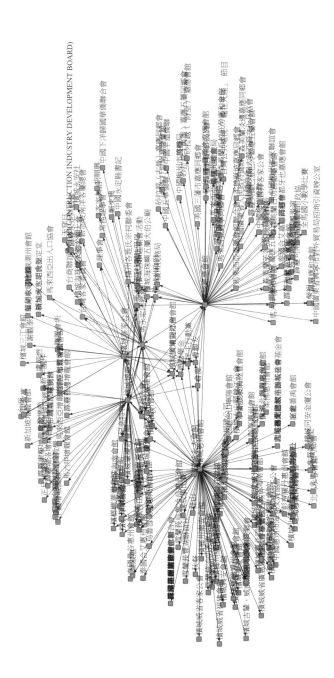

圖 5-17 檳城客家社團外部社會網絡

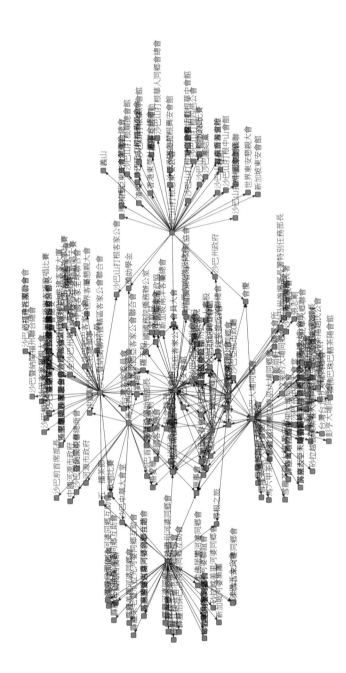

圖 5-18　沙巴客家社團外部社會會網絡

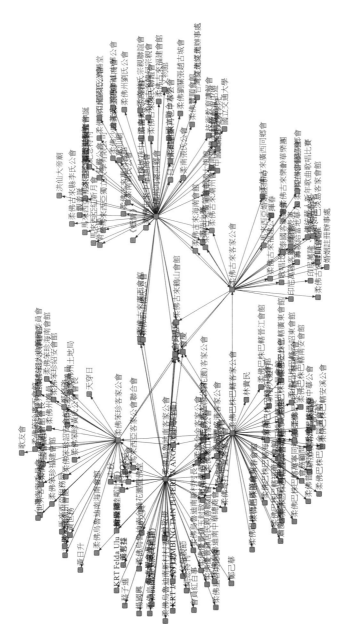

圖 5-19　柔佛客家社團外部社會網絡

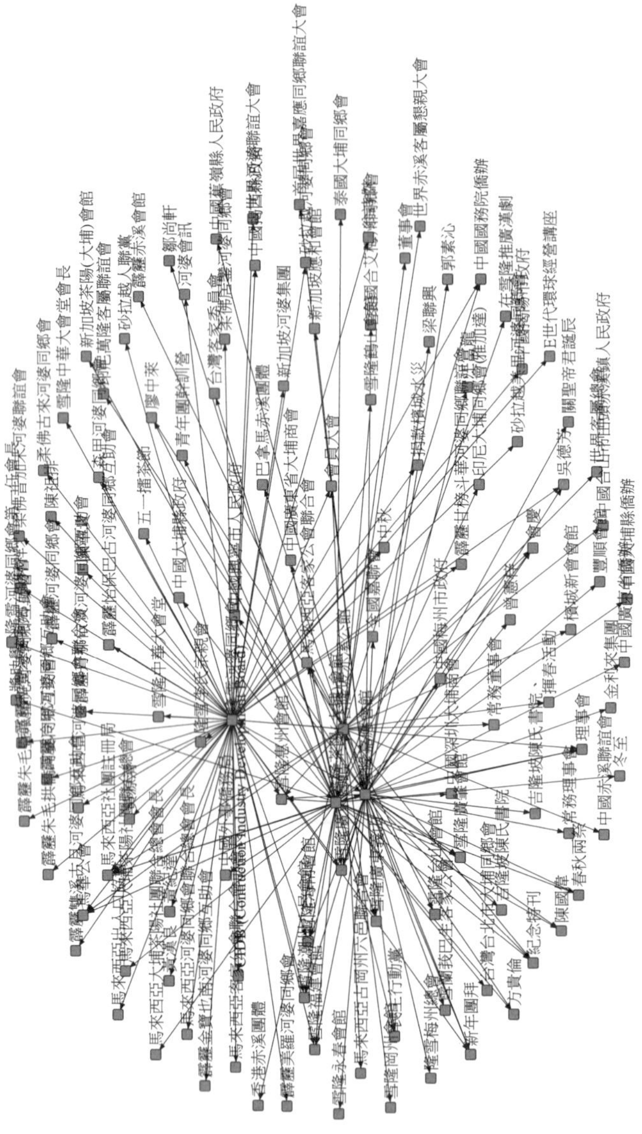

圖 5-20 雪隆客家社團外部社會網絡

是會邀請大部分的客家社團來參加的。

第三大類以國外單位與政府／政黨／政治人物為主，包括曾擔任砂拉越州政府部長如陳華貴、古晉南市市長田承凱、聯邦政府部長的楊國斯以及現任州議員如張建仁等，或是執政黨要員如楊昆賢、沈桂賢等。在這類別中，我們還可以看到許多海外政府單位或社團的拜訪，其中，最大宗乃是中國官方單位如深圳市和東莞市人民政府、東莞市委統戰部、寧化縣和大埔縣政府、深圳海外聯誼會以及東莞僑聯等。這是因應中國經濟發展下，官方與半官方單位大舉頻密跟東南亞華人社團進行互動交流，除了聯誼、招商之外，也出版各種鄉情類的刊物如《大埔會訊》以及《客鄉》等等，並透過會館來推動海外各個客家祖籍後裔的尋根之旅。

在雪隆地區所調查的客家社團之對內接收的資料，經過精簡並整合後，也可以歸成三類：

一、核心組織：包括惠州、嘉應、茶陽（大埔），在這個類別中還包括廣東、潮州八邑、海南、福建與廣東義山。由於惠州、嘉應與大埔都在市中心，因此三者關係密切，反而河婆不在此列，可見在雪隆地區的客家社團中，河婆佔邊緣的位置。在核心組織類別裡，可以看到其他非客家社團如廣東、潮州八邑等，這些社團乃是相應客家社團所來自的省份，譬如惠州與嘉應就是廣東社團一員，茶陽則跟潮州社團關係密切，也是廣東社團的成員，再加上海南，因此這些社團之間可以說因廣東而結合起來。在吉隆坡，成立於1895年的廣東義山原係一處荒塚，在當時吉隆坡的一些領袖如葉亞來、葉觀盛、趙煜、陸佑及葉致英等的努力下，向英國殖民政府申請換地，並得到政府之允准，撥給吉隆

坡語文局路（即舊機場路）一塊215英畝的山坡地段做為墳場用地。但成立初期需要開山整地、修築道路、建伯公廟等工程都需要大量資金，在義山管理委員會的奔波籌措下，籌得廣肇會館4,000元、海南會館1,000元、潮州八邑會館600元、惠州會館480元、赤溪會館280元，這就構成廣東義山董事會的基本成員（根據義山章程：雪隆廣肇會館代表八名；雪隆惠州會館代表五名；雪隆嘉應會館代表五名；雪隆海南會館代表五名；雪隆潮州會館代表五名，以及雪隆茶陽會館代表三名，赤溪換成嘉應，並多了茶陽）。因此，廣東義山無疑是惠州、嘉應、茶陽（大埔）、海南以及潮州會館之間密切互動的一個平台。

　　二、次密切社團與政府／政黨／政治人物：誠如前述，河婆並不在核心組織內，而是在這裡出現：另外廣肇、客聯、李氏宗親會、中華大會堂、台山、赤溪等也屬於互動比較疏的組織。在這個層級上，我們也可以看到一些政黨如馬華公會、民主行動黨以及它們的現任或前任國會議員，像是陳國偉、方貴倫和廖中萊。吉隆坡直轄市的多個國會選區長期都由民主行動黨議員獲選，因此跟民主行動黨議員互動是可以理解的。至於馬華公會，在過去六十年來都是執政聯盟的一員，是許多政府部門的部長或副部長人選，因此，社團的一些活動會請這些馬華官員來開幕或擔任嘉賓也就不足為奇了。最後在這類別中還有一部分是特刊和會慶。特刊的出版首先要看社團的財力，有的社團則會配合辦理大型的活動如籌款、建立新會所、辦理世界懇親大會等而出版特刊，有的則固定在十年或二十年出版以資紀念等。特刊除了免費贈送給會員外，也會提供給關係比較密切的其他社團保存。會慶則是另外一個邀請他社團參加的場合，特別是經常往來的社團之

間，會慶似乎變成大家相互捧場支持、促進交流的場合。

　　三、國外單位與社團以及節慶活動：這個類別中，晚近有大量的中國政府、商會，頻密往來於東南亞各國的華人之間。中國政府單位如外事僑務局、僑辦、縣市政府等等都是經常互動的單位。社團的部分包括泰國大埔、合艾梅州；新加坡的大埔、河婆及應和；印尼萬隆客屬及大埔；臺北大埔、世界客屬總會、客家委員會以及巴拿馬及香港赤溪等社團也與雪隆客家社團有往來。至於節慶活動則有五一擂茶節，這是2003年由河婆同鄉會總會所倡議的一個活動。

　　檳城客家社團外部網絡點度中心性的項目，同樣的，將之精簡成三大類：

　　一、核心組織：包含本節所訪談的六個社團，即客家、大埔、增龍、嘉應、永定與惠州。在這個類別裡，另外還出現了廣汀會館。廣汀會館是馬來西亞歷史悠久的華人社團，創立於1795年，是結合檳城所有的廣幫社團，如客家、潮州、海南、廣府以及被福幫排斥的永定等在財力與人力上較為弱勢的社團，因此檳城客家社團會跟廣汀會館內的其他非客家社團有密切往來是可預料的。

　　二、次密切社團與政府／政黨／政治人物：這些社團包括福建、海南、福州、潮州、永定胡氏安定堂、各姓氏宗祠聯委會、永安社以及海珠嶼大伯公廟。海珠嶼大伯公廟，乃是由檳城五大客家社團以及福建會館共同祭祀的廟宇；至於各姓氏宗祠聯委會則是結合所有姓氏公會的一個血緣性組織，它於1999年就受檳州政府（特別是旅遊局）之委託，辦理每年華人農曆新年的廟會活動，吸引國內外遊客來檳城觀光。除了姓氏宗親會外，廟會活

動後來也邀請當地的地緣性社團組織。也由於檳城州政府為過去在野的民主行動黨執政，因此，社團與民主行動黨政府及政治人物的往來也就變得比較密切，譬如曹觀友。

三、國外單位與社團以及節慶活動：同樣的，在國外的政府單位上也是以中國為大宗，分別是僑辦、僑聯、政協、旅遊局、海外交流協會、對外貿易招商引資辦公室等。新加坡有海陸豐、永定、增龍和客屬總會；泰國有合艾嘉應、惠州以及曼谷惠州；印尼有棉蘭鵝城慈善基金會、蘇北巴敢市鵝城慈善基金會；緬甸有仰光的永定會館。臺灣則有臺商聯誼會、臺灣客家電視台以及公共電視台；香港有崇正與增龍。在這個類別裡出現的節慶活動有：全馬華小數學比賽、華語歌唱比賽、青年保齡球比賽、講故事比賽；天穿日以及歌樂節。值得一提的是天穿日這個節日活動，根據報導，臺灣客家委員會於2010年將天穿日（農曆正月二十日）訂為客家日後，這項活動逐漸擴散到馬來西亞的客家社群，由馬來西亞一些州屬的客家公會發起，開始辦理天穿日的活動。檳城客家公會是在2013年，由當時的謝詩堅會長倡議於當天辦理天穿日新春大團拜。[8]

在沙巴州，大致可以歸類為三種：

一、核心組織：在這類別中，比較特別的是只有亞庇客家與大埔以及山打根客家三間社團入列，另外五間客家社團（即河婆、寶安、龍川、河源以及山打根惠東安）則沒有在核心組織

---

8 參考e南洋，2013年3月1日〈客家人天穿日〉，於 http://www.enanyang.my/news/20130301/%E5%AE%A2%E5%AE%B6%E4%BA%BA%E5%A4%A9%E7%A9%BF%E6%97%A5/（取用日期：2018/9/16）。

內，這可能是因為後五者處於邊緣地位，加上其並不屬於馬來西亞客家六大系統（除了河婆以外）的結果。在核心組織裡，反而是亞庇地區的潮州、華北、福建、廣肇、龍巖、永春、福州、西海岸四邑、海南、三江、興安、安溪、南安入列。這些非客家社團跟亞庇客家社團的關係非常密切，因為它們都隸屬於亞庇華人同鄉會聯合會的成員，彼此之間的互動本來就很密切。

二、次密切的社團組織以及政府單位：包含納閩客家、保佛客家、丹南客家、吧巴客家、根地咬客家、兵南邦縣客家、必打丹客家、拿篤客家、斗亞蘭縣客家、斗湖客家、古打毛律客家、古達客家、蘭瑙縣客家以及沙巴暨納閩聯邦直轄區客家公會聯合會。前述各地區的客家公會加上亞庇客家及山打根客家，事實上都是沙巴暨納閩聯邦直轄區客家公會聯合會的團體會員，因此它們之間的關係也就不言而喻了。另外，這個類別中也出現了沙巴中華大會堂。沙巴中華大會堂成立於1992年，目前總共有74個團體會員，涵蓋地緣（會館）、血緣（姓氏宗親會）、業緣（含中商會、行業公會）、學緣（華校董事聯合會、校友會）、教緣（宗教組織）、文緣（如文藝協會及文化協會）以及健身娛樂（如太極學會、少林武術、粵樂、象棋），是涵蓋面最廣的沙巴華人機構。另外，客家社團也必須跟亞庇市政廳、州政府打交道，包括在政府部門的楊德利（曾經擔任沙巴州副首席部長）。在這類別裡，中國駐沙巴亞庇總領事與臺灣客家委員會也跟這些客家社團有所互動。最後，節日活動包括歌唱比賽、尋根之旅、五一擂茶節亦是沙巴客家社團建立外部網絡的活動。

三、國內外政府單位與社團以及節慶活動：在國內政府單位有沙巴博物館、山打根市政局、州政府、州首席部長署；社團則

有世界客家崇正、世界客屬、新加坡東安、新加坡南洋客屬、汶萊崇正、汶萊大埔、臺北市大埔、泰國客屬。國外的政府單位基本上是以中國爲主，包含僑聯、河源市政府、僑辦、海外交流協會、政協、統戰部、大埔縣政府等。節慶活動則有沙巴州英雄節、天穿日、卡拉 OK 比賽、全沙巴州華語與客語歌唱比賽、全沙巴州華小唐詩問答比賽、全沙巴州客語講故事比賽、兒童暨少年客語歌唱大賽等。

　　觀察柔佛客家社團的網絡點度中心性的各個細項，發現這裡的客家社團基本上是各自爲政，畢竟柔佛州幅員廣大，客家社團分布在不同的地區，包括古來、峇株巴轄、笨珍以及烏魯地南。地理區域的分散不集中，可能導致上述各自爲政的現象。因此，將柔佛州的資料區分成兩類：一、核心組織；以及二、國內外次密切組織及活動。

　　在核心組織中，研究發現古來和笨珍客家是調查社團中唯二入列的團體，這可能跟這兩個社團所在地區有比較活躍的活動有關。因此在這兩個地區及其周遭的其他社團也就出現在這個第一類別中，其中包括笨珍的福建、海南、潮州、廣西、永春、詔安、馬來西亞巫氏宗親會；以及古來的鶴山、廣肇、廣西、惠州、豐順、福建、中華總商會、陳氏聯誼、韓氏宗親、李氏、劉氏、劉關張趙古城、沙威黃氏、柔南張氏、彭氏、戴氏、曾氏、黃氏等宗親會。其他比較少的則有新山的楊氏、星君功德會、客家、蔡氏濟陽堂、大馬花園客家、莊嚴公會；烏魯地南的中華總商會、海南、福建、金峰花園聖佛堂、優景鎮玉封致富財帛星君廟、優景鎮居民親善聯誼會；最後就是居鑾客家、麻坡客家、豐盛港客家、哥打丁宜客家、三合港客家、令金客家、東甲客家以

及士乃中華商會。

國內外次密切組織以及活動的類別，則包含了這次訪談的烏魯地南客家、古來河婆，其他團體還有峇株巴轄中華總商會、潮州、河婆同鄉會聯合總會、客家公會聯合會、南方大學學院、獨立大學有限公司、紅新月會、檳城孫中山協會。國外的組織包括中國石壁世界客屬祭祖大典籌備委員會、揭西政府、中國大使館等；臺灣的客家委員會、臺灣經濟文化辦事處、國立交通大學、國立聯合大學；新加坡南洋客屬總會、泰國客屬總會、印尼萬隆巴淡島客家會館。天穿日、南僑機工公祭等是柔佛客家社團參與的活動。全馬共有四座南僑機工紀念碑（古來、檳城、吉隆坡與古晉），其中柔佛古來的南僑機工紀念碑公祭更是古來華人社團之年度重要活動。那是從 2013 年開始，於 8 月 12 日，由古來的28 個華人社團共同主辦的一項儀式活動。儀式的目的是希望讓後代永遠記得先人對日抗戰的英勇犧牲的精神；另一方面，透過這項儀式，也整合了古來地區的華人社團，進而鞏固了華人的集體意識。

此次所調查的馬六甲客家社團基本上都集中在市中心，會所之間的距離並不遠。從其向內度數的外部節點，將之區分成三類：

一、核心組織：這個類別中有本研究所調查的惠州、客家、茶陽及應和，加上未在調查名單中的河婆及增龍。此類別裡還出現了雷州、海南、永春、林氏宗祠、賴氏宗祠、福建和中華大會堂。推估其原因應該是因為這些社團，連同客家社團幾乎都聚集在馬來甲市區的大街上，因此，彼此之間都會有所聯繫。值得一提的是中華大會堂，它是馬六甲州的華人社團組織的總機構，目

前有上百個團體會員。本節所調查的客家組織也是中華大會堂的一員，因此中華大會堂出現在核心組織群裡也就不足爲奇了。

二、「向內度數」的外部節點以次密切的組織／單位爲主。在馬六甲，這個層次的重要社團有福州、廣東、沁蘭閣音樂社；以及因應客家體系特別是茶陽大埔而來的國內各地區組織，如吉隆坡南洋茶陽趙氏公會、霹靂大埔、太平大埔、檳城大埔、柔南大埔、沙巴大埔、麻坡茶陽、晉漢斯省大埔、美里大埔、居鑾大埔、雪隆茶陽等等。茶陽大埔社團之間的互動顯然比其他客家體系來得強。

三、國外組織與活動：這個類別在馬六甲，主要的國外交流單位是以新加坡爲主，譬如新加坡嘉應、武吉知馬嘉應五屬、星洲軍港嘉僑、茶陽、應和等；中國官方與半官方單位也有，譬如大埔僑辦、廣東博物館、梅州日報、山東僑辦以及羊城早報等；臺灣在這部分則有客家委員會以及高雄東照山關帝廟管理委員會和客家電視台。活動上，馬六甲中華大會堂青年團跟在地文史工作者合作，調查市區老街的社會與行業歷史，這些蒐集的資料存放於客家公會樓上空間，取名爲溫古堂，類似地方的文史博物館。同時訓練導覽解說員，結合在地中小學的地方研究課程，試圖讓更多人瞭解馬六甲華人地方文史。晚近客家公會更與馬來西亞多媒體大學合作，試圖爲溫古堂打造出一個精明導覽的電腦系統，讓溫古堂的導覽更貼近年輕人，同時也可以解決導覽解說員不易訓練的問題。因此，溫古堂與精明導覽系統可以說是在所有活動中比較特別的。

綜觀這六個州屬的向內接收網絡點度，發現以下幾個特點：

1. 每個州屬都有核心組織，只是核心組織的組成很不一樣。

砂拉越州相對單純，只有所調查的客家社團組織入列。檳城的核心組織也很單純，除了所調查的客家社團入列外，還增加了跟它們關係密切的廣汀會館。馬六甲就類似於檳城，只是它多了中華大會堂。雪隆的核心組織除了河婆外，其他被調查的客家社團皆入列，可見河婆在雪隆的客家社團中屬於邊陲的位子；另外一個在雪隆出現的狀況是，核心組織包含了與客家社團組織有密切關係的省級地緣社團，如潮州、廣東及廣東義山。

沙巴跟柔佛的情況最為複雜，這兩州屬的核心組織裡都只有部分受調查的客家社團入列，在沙巴，這樣的情況可能是因為河婆本身也是處於邊陲的緣故，至於龍川、寶安跟河源基本上可能是因為不屬於主流的客家系統，譬如茶陽大埔、惠州、嘉應、增龍或河婆，所以不在核心組織範圍內。至於柔佛州的情形則可能涉及到各個客家社團的分布區域廣，隸屬於不同的行政區，因而使得只有部分社團入列，如笨珍客家與古來客家。同時也看到這兩個行政區的客家社團就會跟該區域的其他地緣、血緣和業緣等組織有密切的關係，它們有的透過如中華大會堂體系或是共同祭祀活動如古來的南僑機工紀念碑等，來結合彼此之間的關係。

2. 第二個層級的次密切社團與政府／政黨／政治人物，各州屬也呈現出不一樣的光景，這有可能跟州屬內華人社團之間的關係或是某些特殊活動的舉辦有關聯。以砂拉越來看，它主要是以古晉區域的社團為主，這可能也是因為本研究的調查對象都位於古晉所導致。跟砂拉越類似的是柔佛州，雖然此次調查包含了柔佛南方幾個不同的行政區域，但每個區域內的客家社團基本上都是以該區域的其他華人社團組織形成次緊密的關係網絡。馬六甲也有非常類似的景象，該地區的客家社團基本上都位於市區老街

一帶，與同一個地區的其他華人社團組織也就形成密切的網絡關係。在雪隆、沙巴、馬六甲跟柔佛，發現該州中華大會堂在這個層級裡扮演重要的凝聚角色：因為在馬來西亞的華人社團脈絡中，每個州屬都有其州層級的中華大會堂，它的成員就是以該州內各種華人社團為主（雖然不是全部的華人社團之總和，但可以說絕大部分的華人社團幾乎都會加入中華大會堂成為團體會員）。因此，所調查的客家社團跟中華大會堂內的成員之間的緊密網絡關係也就不足為奇了。

在檳城，扮演中華大會堂的角色換成是各姓氏宗親會，這個組織基本上是血緣宗親社團的總機構，但在檳城的脈絡中，它成了辦理一年一度廟會的重要凝聚角色。透過它的運作，將其他地緣社團也納進來一起合辦廟會，如此，促成了檳城客家社團與在地的其他華人社團宗親會之間的關係。在與政府／政黨／政治人物的關係上，至少有三個州屬，即檳城、砂拉越及沙巴的州政府會被提及，這可能跟這三州的特殊政治環境有關：檳城是個以華人為大宗的州屬，無論是過去的馬華公會（華人政黨）、民政黨以及現在民主行動黨（以華人為主的多族群政黨）擔任州政府，跟檳城華人社團之間都保持密切的關係。東馬的沙巴與砂拉越州政府中也有以華人為主的政黨代表（如沙巴進步黨和砂拉越人民聯合黨）擔任州部長甚至副首席部長，因而兩州屬的華人社團對於州政府並不陌生。

3. 國內外政府單位與社團及活動是點度比較小、零星的向內接收的各種類目。根據訪談資料，將這六個州屬向內接收國外政府單位與社團製作成表5-23。從表中看到國外政府單位幾乎都以中國為大宗，中國透過縣市政府以及僑務系統的政府單位，大力

表5-23　各州客家社團與國外政府單位和社團來往統計

	國外政府		國外社團組織							
	中國	臺灣	中國*	臺灣	新加坡	印尼	泰國	汶萊	緬甸	其他
砂拉越	5	0	2	1	2	0	0	0	0	1
雪隆	10	3	1	1	3	2	2	0	0	1
檳城	12	0	3	3	4	2	3	0	1	0
沙巴	11	1	2	2	2	0	1	2	0	0
柔佛	2	2	1	2	1	1	1	0	0	1
馬六甲	2	3	1	2	6	0	0	0	0	0
總共	42	9	10	11	18	5	7	2	1	3

*包含香港。

地介入馬來西亞華人社團進行交流、互訪、辦理懇親尋根文化營之活動，試圖以鄉情來鞏固與維繫其與海外華人華僑的關係。從資料中也得知中國政府著力於雪隆、檳城和沙巴州，因為一方面這些州屬有的是馬來西亞重要的城市或聯邦直轄市所在地，而沙巴則是客家人為大宗的緣故。在調查資料中，由於聚焦於客家社團，因此，臺灣政府單位主要是指客家委員會，跟中國政府體系比較起來，臺灣就明顯少多了。在國外社團組織上，則發現馬來西亞客家社團跟近鄰新加坡的客家社團聯繫最多，或許是因為早期新馬的客家社團原本是一家的緣故。臺灣與中國的社團到馬來西亞進行交流的則差不多。泰國跟印尼的客家社團則相對少跟馬來西亞有互動。

馬來西亞有六個比較大的客家系統，它們是河婆、惠州、嘉應、客家、大埔和增龍，它們都各自擁有聯繫各州屬內同屬社團的全國社團總會，但彼此之間並沒有正式的團體會員關係。從區

域性會館組織網絡來看，這六個客家社團的總會並沒有再合組成類似新加坡南洋客屬總會那樣的超地緣總會組織，因此，馬來西亞客家社團並無階層化社會網絡關係，而是呈現出一種對等式社會網絡關係（Peer to Peer Social Network）。

換句話說，馬來西亞的各個客家地緣或族群組織彼此之間並沒有隸屬關係，他們的地位是對等的。以上是從區域性客家會館組織的角度出發，但在馬來西亞的脈絡中，除了河婆社團以外，所有其他的客家社團組織亦是廣東會館的團體會員，透過廣東這個省級的社團平台，讓不同的客家社團組織之間能夠定期聚會，它們彼此權利平等，不具有層級性。從這個角度來看，客家社團之間也具有集團式社會網絡關係（clique social network）。

以社團的層級來看，馬來西亞的每個客家地緣或族群組織內部都擁有各自的總會組織，這些總會組織底下為以各州層級的聯合會為班底，而總會會長就是由各州聯合會來輪流擔任。總會是這些客家社團對外聯繫的重要窗口。從這個角度來看，馬來西亞的六大客家社團組織本身是具有階層化的社會網絡（hierarchical social network），且是多個而非單一階層化社會網絡中心。

二、印尼

本書田野調查主要範圍在亞太地區，其中，馬來西亞與印尼的客家人人數佔海外客家人口總數將近30%，兩國可說是海外客家的重鎮。然而我們對印尼的瞭解，其實相當的有限，透過本書分析將對印尼的客家社團有一定程度的瞭解。

印尼在荷蘭殖民時期，因荷蘭殖民地政府的鼓勵移民政策，

吸引中國移民大量移入。但是，早期的殖民政府對華人社會並沒有直接的管理，這些來自中國的移民，在沒有殖民政府的直接管制下，他們面對的問題需要有一個組織來協助，而華人會館便在這一基礎上被建立了。

二戰前（1941）的華人會館都是由中國移民所創立，當時會館的主要任務是幫助新移民在陌生的環境裡安頓下來。會館的功能包括為同鄉找尋住所、工作等服務，另一方面，也提供同鄉聯絡鄉情的空間。除此以外，會館對內而言是同鄉發生糾紛時的協調人，對外則是同鄉移民與殖民政府間的中間人。當時的會館，可以說是同鄉的代言人和利益的維護者。

然而，印尼的華人會館所扮演的角色並非一成不變，隨著社會變化，它也不斷調整本身的功能。例如在 19 世紀初期，會館是族群的服務中心，隨著移民人口不斷增加，其重要性也逐漸加強，進而成為維護族群文化與興辦學校的機構。和中國的會館相比，印尼的華人會館組織，雖然是由來自中國的移民所創立，但是它的運作模式和在當地社會所扮演的角色與中國的會館有明顯的差異。在中國的會館，只是為同鄉服務的機構；而印尼的會館，除了具備前者功能外，還扮演了維護和發揚族群文化的角色。

在印尼建國之前，南來的中國移民多以中國作為認同的對象，而會館更是會涉入當時的中國事務當中，例如為支持國民黨革命和北伐而出錢出力。1940 年代，印尼建國後，印尼領導人開始對華人社會進行同化政策，當時的會館、學校與中文報章被視為是同化政策的障礙，因此印尼政府開始整頓會館、學校與中文報館。1967 年，印尼第二任總統蘇哈多（Suharto）上台後，

進一步以更激烈的手段來推動同化的進程。在風聲鶴唳的蘇哈多新秩序時期，華人無法在公開場合進行有關族群或文化的活動，也使印尼的華人會館絕大多數遭到關閉的命運，更導致印尼會館沉寂了好一段時間。

在面對1960年代的政治動亂和同化政策的同時，許多華人社團（包括客家的社團）被迫結束，但它們並沒有就此消失，有的以廟宇形式被保存下來，有的則轉作基金會的形式。為了保存會館所遺留下來的產業，印尼大多數的華人會館在當地法律許可範圍內轉型為基金會（Yayasan）。另一方面，有的會館得以倖存下來，是因為在館內有祭拜神明或設立宗祠，因此能夠向政府宣稱是宗教信仰場所而免於被關閉的命運。

雅加達的客家社團，部分是以基金會的形式設立，但是由於在城市的關係，其並沒有管理墓山的組織。以外島來看，如邦加島的檳港市，就有三個由華人主持的基金會——聖淘沙基金會（Yayasan Sentosa）、忠義堂（Yayasan Sediabudi）、發展基金會（Yayasan Pembangunan），這三個基金會各自負責不同的社會業務。

聖淘沙基金會主要是負責管理華人的墳山，檳港的華人若要安葬在聖淘沙基金會管理的墳山裡頭，他們在世時就要申請成為會員並繳月會費，死後就能以印尼盾1,500萬（約1,500美金）購買墓地，非會員或非邦加島人則須支付8,000萬至9,000萬不等的印尼盾來購置墓地。

忠義堂成立之初就向發展基金會拿了一塊地來建大禮堂，該禮堂主要是租給當地人舉辦婚禮、壽宴、公司尾牙等等活動使用。如此的經營模式讓忠義堂擁有穩定的收入，之後忠義堂就把

盈利所得，部分回饋給發展基金會來建設學校，以造福在地的子弟。

發展基金會負責的是文教業務，該基金會創辦了中華小學（私立）。該校的教育制度與一般印尼公立學校的差異，僅在於該校會鼓勵學生學習華語。中華小學的經費主要來自發展基金會以及印尼政府的津貼，因此除清貧者外，其餘就讀的學生都必須付學費。

從上述三個基金會所負責的社會事務中，讓我們看到昔日會館的功能，由三個基金會分別來負責。19世紀初華人社團或會館多以廟宇做為前身，設立會館後主要負責興辦學校和設立墳山，主掌了華人移民從生到死以及宗教信仰的社會業務，只是這些事務現在都由基金會打理。也就是說，1960年代會館的消失，只是名稱上的消失，其功能由另一個形式的組織（基金會）來接替。這種改變組織名稱和模式的方式，不僅符合印尼國情，亦不會引起族群間的緊張關係。

在檳港的這三個基金會，各由一批華人商家領導，並另外在三個基金會之上設一個由一批經驗豐富的長者所組成的顧問團，為基金會領導人提供諮詢。目前三個基金會的領導層平均年齡介於40-60歲之間，各領導人都積極招攬新血，讓組織的運作不至於面對青黃不接的窘境。總而言之，印尼華人社會經歷了1960年代的政治動盪之後，多數會館雖走入歷史，但是其功能分別由多個基金會繼承。

隨著1998年蘇哈多下台後，印尼邁向民主化，華人社團又如雨後春筍般地興起。多個在雅加達的客家社團基金會，也都在1990年代後半期開始購置新的產業，以及辦理對內對外的活

動，並在 2000 年後，搭上中國官商和僑鄉的聯繫線，創造出另外一波社團的榮景。大多數的客家社團維持以基金會的形式運作，只有比較晚近成立的組織，如印尼客屬聯誼總會，則一反以基金會的名稱和模式爲依歸，而改稱爲 Pagayuban，其功能與運作模式類似以前的會館（association）。這樣的方式不同於基金會，其產業爲私人所有，因此需要給國家課稅，但這樣的私人產業可以在自由市場進行買賣。

根據印尼基金會相關法律規定，基金會所擁有的產業是免稅的，但不可轉售。當基金會解散時，其財產將歸政府所有。因此，社團的基金會化，也影響了其管理和營運方式，譬如現在的基金會管理層基本上是董事會，董事會組成的人數依基金會的規模大小及性質而有不同。如勿里洞同鄉聯誼會（正式的印尼文名稱是基金會）的董事長就稱爲總主席，其他的董事有的是執行主席，有的是婦女部主席等等。基金會能夠進行投資，所獲利潤即可用在社會福利上。銀會是勿里洞同鄉聯誼會籌募其運作經費的投資方式，這種方式是募集會員們的資金（每份是 30 萬印尼盾／月）存入銀行，每次的資金募集爲期三年，基金會會將每個月獲得的銀行利息作爲會員福利（如辦理聚餐、唱卡拉 OK、以及基金會其他活動）的費用。三年後，再重新募集資金，如此循環不息。

以印尼蘇哈多新秩序時期（1967-1998）爲分界，我們可以看到印尼的社團／基金會產生了很大的變化，其中一個最明顯的變化是：新秩序時期前的華人社團，大約有 80% 的心力在關懷內部對象（包含面向大多數華人的祖先所來自的國家──中國），只有 20% 的心力是關注印尼當地的事務。新秩序時期，

華人社團都被噤聲。直到1990年代後的民主化時期，基金會化的華人社團開始復活，只是這個時候的關注對象和前期有了很大的不同：他們將80%的心力用在印尼當地（譬如主推全國性的捐血運動、佳節期間不分族群與宗教的獻愛心活動、賑濟天災災民等等），僅維持20%的心力在內部會員與中國事務上。

相較於印尼各地華人會館遭受政治壓迫，新馬的華人會館或客家會館的發展幸運了許多，它們延續存在了將近兩個世紀，中間只有因為日本的侵略而中斷了三年多的時間。因此，我們看到印尼與新馬客家會館在21世紀發展上的差異，其中包括了印尼華人會館，轉變為基金會的形式運作，而新馬會館的發展具有延續性。

（一）印尼客家社團社會網絡內部分析

印尼客屬聯誼總會、印尼大埔同鄉會、雅加達勿里洞同鄉聯誼會、印尼梅州會館，四家社團是雅加達重要的客家社團。四家社團都相當活躍在當地社會，其對本身族群亦具有一定的號召力。

依據資源依賴理論，印尼客家社團之間經常是互相支持且互相影響，所以可能相互學習其他社團的行為，也顯示彼此間擁有緊密的網絡關係。資源依賴理論的前提是組織依賴資源，舉凡社團經營需要的人力、物力、財力都可以稱作所需資源，例如社團土地、會員、董事會、大樓、舉辦活動經驗、政商人脈等，但組織無法產生自身所需的所有資源，因此，組織必須在它所處的環境中去獲取，進而與其他組織產生依賴關係。

為了進一步理解客家社團的組織行為，就必須研究客家社團

之間的關係，例如從印尼的客家社團主動與其他社團交流的情形進行觀察。亦即，從社會網絡觀點考察、分析印尼客家社團之間的關係，進而瞭解這些客家團體之間是相互依賴，而不是各自獨立。

1.中心性分析

本研究共訪談了四個印尼客家社團。根據訪談結果，由於各個社團回答情況不一，且差距過大，因此將訪談的各個面向匯總之後，再依6尺度範圍，將關係強度予以正規化，請參見表5-24。

接著，使用UCINET6.0網絡分析軟體進行網絡分析，根據網絡圖及點度中心性進行資料的分析，藉此瞭解哪些客家社團是印尼客家會館社會網絡中的重要組織。

點度中心性的計算方式是以會館對內及對外的社團連結數目為連結點度（Degree），同時表示與其他會館的關係強弱。點度中心性越高表示客家社團之間的連結越緊密，彼此可分享資源的機會越高。經計算分析，印尼客家會館整體的網絡中心性（Network Centralization）為33.30%，代表整體凝聚力或是整合程度，相較於柔佛的17.50%以及泰國南部的50.00%，印尼客家會館具有中度凝聚力。

另外，透過Blau's Index來衡量網絡內的異質性程度（Blau 1977）。Blau指出，同一群體（Nominal Group）內之成員差異程度，在某一構面上的屬性越少，成員之間產生差異的空間越小。而印尼客家會館之間的異質性（Blau Heterogeneity）為25.85%，顯示印尼客家會館彼此的差異程度較高。

最後，透過質異指數Index of Qualitative Variation（IQV）去

表5-24 印尼客家社團之社會網絡連結矩陣

	印尼客屬聯誼總會	印尼大埔同鄉會	雅加達勿里洞同鄉聯誼會	印尼梅州會館
印尼客屬聯誼總會	0	6	7	7
印尼大埔同鄉會	4	0	1	0
雅加達勿里洞同鄉聯誼會	6	0	0	6
印尼梅州會館	7	6	5	0

表5-25 點度中心性分析

	Degree	NrmDegree	Share
Mean（平均數）	16.500	78.571	0.250
StdDev（標準差）	3.041	14.483	0.046
Sum（總和）	66.000	314.286	1.000
Variance（變異數）	9.250	209.751	0.002
SSQ（社會支持度）	1126.000	25532.879	0.258
MCSSQ（平均數減總和平方差）	37.000	839.002	0.008
EucNorm（歐基理德準則）	33.556	159.790	0.508
Minimum（最小值）	13.000	61.905	0.197
Maximum（最大值）	20.000	95.238	0.303
NofObs（觀察值）	4.000	4.000	4.000

Network Centralization=33.33%
Blau Heterogeneity=25.85%
Normalized (IQV) =1.13%

分析實際觀察到之變異量（數值介於0與1之間）。當IQV＝0時，表示客家社團之間的同質性最高或變化最小，亦即，所有社團都集中在同一個類別；而IQV＝1時，表示全部的會館平均分配在不同類別。分析結果，印尼客家社團的Normalized IQV（正規化IQV）為1.13%。詳細結果請參閱表5-25。

表5-26　發送與接收點度中心性分析

	Degree	NrmDegree	Share
印尼客屬聯誼總會	20	95.24	0.30
印尼梅州會館	19	90.48	0.29
雅加達勿里洞同鄉聯誼會	14	66.67	0.21
印尼大埔同鄉會	13	61.90	0.20

　　接著，將社團間關係以點度呈現。連結點度區分為向外度數（Out-degree）以及向內度數（In-degree）。向外度數可觀察客家社團之間訊息的發送，表示社團主動「發送」訊息給其他會館、聯繫其他同鄉會或是向外尋求合作的連結。如果社團發送訊息的數量很多，顯示此社團能夠扮演「溝通者」或是「促進者」的角色，也代表該社團或同鄉會擁有較大的影響力。

　　向內度數則可觀察社團之間訊息的接收，表示從多少其他社團「接收」訊息或是接獲邀請的連結。如果一個社團從其他眾多社團或同鄉會接收訊息，顯示此社團具有聲望，其他社團為了獲得此社團的認可，因此傳送訊息給此社團，或是邀請此社團參加活動（參考表5-26）。

　　依照向外度數排序，經常對外發送訊息、主動邀請合作或是提供服務的會館依序為印尼客屬聯誼總會、印尼梅州會館、雅加達勿里洞同鄉聯誼會與印尼大埔同鄉會。而向內度數中心性方面，印尼客屬聯誼總會是接收訊息以及獲邀參加活動最多的社團，代表其他社團非常願意與印尼客屬聯誼總會進行交流或是尋求合作。印尼梅州會館和雅加達勿里洞同鄉聯誼會也是其他社團經常聯繫的對象。

2.次團體叢集分析

次團體叢集分析是利用相鄰或距離繪製爲網絡分布圖，以顯示不同客家社團彼此有多「接近」，更可看出這些客家社團是否在空間中形成「次團體」或「集群」。

由圖5-21發現印尼客屬聯誼總會居於網絡中心點，而印尼梅州會館和雅加達勿里洞同鄉聯誼會距離則較爲接近。

次團體叢集分析結果（如圖5-22）顯示，第一組次團體的組合爲印尼客屬聯誼總會和印尼梅州會館，顯示平常各項活動以及彼此的資源交流密切。第二組次團體則是加上雅加達勿里洞同鄉聯誼會。第三組次團體再加上印尼大埔同鄉會。與其他社團的關係則較爲疏遠。

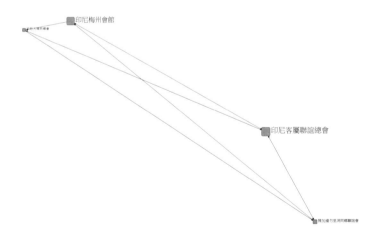

圖 5-21　印尼客家社團網絡圖

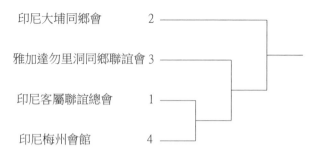

圖 5-22　印尼客家社團次團體叢集分析

印尼大埔同鄉會　　　　2

雅加達勿里洞同鄉聯誼會 3

印尼客屬聯誼總會　　　1

印尼梅州會館　　　　　4

（二）印尼客家社團社會網絡外部分析

印尼客家社團社會網絡外部分析是以與客家社團廣泛連結的人、事、地、物為主體，包括個人、組織、活動、地區等進行網絡分析。本研究團隊著重客家社團的政商關係與全球化連結，因此在訪談時，請受訪社團答覆「商業組織、社會賢達或是政治領域方面經常聯繫的人士或是組織」、「會館過去兩年舉辦過哪些重要的活動」、「海外地區、中國、臺灣等經常聯繫的政府部門、商業組織或是民間社團」等問題。圖 5-23 所呈現的社會網絡線條，代表著印尼客家社團對外經常聯繫的個人、組織或是活動。

（三）對印尼雅加達四個客家社團的觀察

勿里洞是位於蘇門答臘外海的島嶼，該島昔日是開採錫礦的重鎮。兩百年前，吸引了不少中國華南移民前往採錫礦，其中逾半是客家人。許多勿里洞人在印尼獨立之後，陸續前往雅加達打

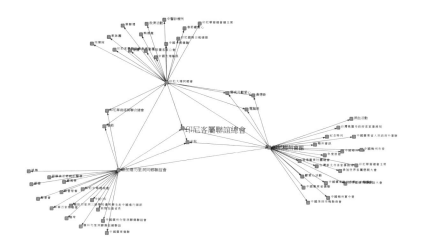

圖 5-23　印尼客家社團外部社會網絡

拼，並爲了聯繫同鄉而成立同鄉會。

　　雅加達勿里洞同鄉聯誼會是一個在地化的社團組織，以客家人爲主，同時也接納其他曾居住在勿里洞的華人，包括潮州人、福建人、廣府人等。該社團爲研究團隊提供不少該會活動的訊息，從中看到該組織辦了不少的活動，如敬老、會員聚餐、教導如何煮客家菜餚等。另外，該會與星洲日報和印華日報兩家中文平面媒體的關係十分密切，只要有任何的社團或學術機構交流，兩家平面媒體都會前來採訪。

　　大埔人在雅加達的人數並不多，由於有感同鄉需要相互照顧，因此組織起來並購買自己的會所，讓同鄉有一個聚會與辦活動的場所。海外的聯繫方面，該會與新加坡和馬來西亞的茶陽（大埔）會館時常交流，包括出席周年紀念等活動。

　　印尼客屬聯誼總會建立於1998年印尼動亂之後。該會的誕

生，代表印尼政府對華人社團的政策從壓抑轉變為開放。印尼客屬聯誼總會成立至今，雖然歷時不長，但擁有充裕的經費與人力，因此辦了不少大型活動，例如2018年6月的第6屆世界嘉應同鄉聯誼大會。該會也將舉辦印尼「客家阿哥、阿姐」的選秀大賽，寄盼從中吸引客家年輕一輩參加社團和學習客家話。

而梅州會館的活動基本上與客屬聯誼總會相互配合，兩間會館的關係極為密切，且兩會的會員更有部分重疊。

（四）泗水的客家社團

泗水惠潮嘉會館成立在清嘉慶25年（1820），已有198年的歷史。泗水惠潮嘉會館的會員人數以家庭為單位，約有870多個家庭，會員的資格是可以繼承的。會費可採月繳或是年繳，會館組織有聯絡部（聯絡會員、活動通知、發新聞稿）、文藝部（禮拜天卡拉OK節目、合唱團、電台唱歌、舞蹈班、客語班、烹飪班）、青年部（舉辦聚餐、看電影、參加震災活動和慈善活動）、福利部（辦葬儀、捻香，以及每三個月一次的捐獻活動）、婦女部（經常有探訪老人等慈善活動）等。

泗水惠潮嘉會館目前除了定期聚會（每個月的理監事會議以及五年一次的會員大會）外，每週三、六理事們會一起聚餐，週日在活動中心舉辦卡拉OK活動以及烹飪客家菜的課程。會館更自2008年開設客語課程，因由中國人負責教學，所以課程中使用的是中國梅州的客語。

會館的節慶活動方面，因為在會館有設先賢的牌位，所以在館內舉辦清明跟冬至的祭祖活動。除此之外，也會慶祝春節、端午節、中秋節。而在春節的慶祝活動中，亦舉辦敬老活動，會館

會發放印尼盾20萬的紅包給75歲以上的老人家。不過,這些都是在印尼開放之後的活動。改革開放之前大部分以協助處理後事爲主,因此在前期,會館擁有義山,棺木會直接擺放在會館前,現在則是把棺木托放在葬儀社。

另外,泗水惠潮嘉會館有年輕的會員負責經營會館的網站、Facebook和Instagram。但是,因爲會館的年輕人無法讀寫中文,多用印尼文跟英文來溝通,因此在這些網路媒體使用的語言也都爲印尼語及英文,不過會館正在規劃未來的網站將使用印尼文、中文雙語版本。

另一個泗水客家社團,是印尼臺灣客家聯合總會。社團主要都是配合中華民國國慶辦理國慶晚會舉辦活動,平時因爲人數少,所以不常舉辦活動。而在印尼國內辦的活動以聚餐爲主;跨國性的活動則配合亞洲臺灣客家聯合總會辦理。印尼臺灣客家聯合總會會長的工作,是協助辦理簽證、推薦函等。目前泗水設有辦事處可以協助幫助華僑處理相關事務。

印尼臺灣客家聯合總會開會時,是使用客家話以及華語。平常會與印尼其他客家組織聯繫(以泗水惠潮嘉會館和古氏客家宗親會爲主),或是參加當地華社所舉辦的活動。與臺灣聯繫的對象以客家委員會爲主。其他諸如泰國、菲律賓、汶萊、柬埔寨、越南等國家的客家社團亦都有連絡。每年會長與會員回臺灣也都會與親友及從其他國家返回臺灣的客家會員們相聚。

印尼臺灣客家聯合總會目前遇到的困難是華校的招生問題。除了華人子弟之外,現在所收的學生有90%以上都是當地人,很少臺灣的學子就讀。值得注意的是,留臺同學會的影響力很大,對臺灣政府也是比較持正面的態度。

整體而言，印尼客家會館的模式，有階層式社會網絡，例如位於雅加達的印尼客屬聯誼總會，它和印尼各地的客屬聯誼會保持一定的聯繫，但是這些地方客屬聯誼會並沒有直屬的關係。另外，印尼梅州會館由於領導層與印尼客屬聯誼總會有重疊，彼此關係密切。雅加達勿里洞同鄉聯誼會是新興的社團，而印尼大埔同鄉會是傳統老社團，兩者之間與印尼客屬聯誼總會的關係是較為疏離。

三、新加坡

新加坡的客家會館發展相當興盛，包括有應和會館、惠州會館、茶陽（大埔）會館、豐順會館、永定會館、南洋客屬總會、廣西暨高州會館、河婆集團、海陸豐會館、河源會館、臺灣客家同鄉聯誼會以及亞洲臺灣客家聯合總會等。除了聯誼之外，客家會館相當程度也有自保的功能，特別是在現代國家還沒有建立的年代，以同鄉為團結的基礎，組織會館來保護其生命與財產，有時更需要將客死異鄉的長輩，運回原籍安葬，不論是在安全上或財務上，也需要同鄉人之同心協力，所以會館是一種具有聯誼、互助和自保功能的重要民間組織（蕭新煌等 2005）。

在殖民地時代，由於英國殖民政府實施的政策，華人社會處在半自治的狀態，必須建立血緣、地緣、業緣等社群組織，來維持華人社會的運作（曾玲、莊英章 2000：4）。新加坡客家會館的發展，始於 1923 年由應和會館與豐永大公司（現為豐永大公會）發起，召集八屬同人大會決議成立「南洋客屬總會」，並由茶陽（大埔）會館、永定會館、豐順會館、惠州會館、三和會館

（現為廣西暨高州會館）及上杭同鄉會加入為贊助團體（後來上杭同鄉會不再為「南洋客屬總會」屬會）。有關新加坡客家會館的研究相當多，黃賢強主編《新加坡客家》一書，對於新加坡客家會館有個別且詳細的描述，包括應和會館、惠州會館、廣西暨高州會館、豐順會館、永定會館、茶陽會館、南洋客屬總會等（黃賢強 2007）。王力堅在《新加坡客家會館與文化研究》一書，以文本分析的方式，研究客家會館相關史料，探討新加坡南洋客屬總會在新加坡歷史發展過程中不同的關鍵時期所扮演的角色及發揮的作用，並且論述茶陽（大埔）會館的沿革發展以及現狀討論（王力堅 2012）。

　　本節以八個新加坡客家會館（南洋客屬總會、應和會館、惠州會館、茶陽（大埔）會館、豐順會館、永定會館、廣西暨高州會館與亞洲臺灣客家聯合總會）為主體，進行新加坡客家會館社會網絡分析，並加入新加坡臺灣客家同鄉聯誼會與亞洲臺灣客家聯合總會，作為新加坡客家會館社會網絡研究的成員，分析新舊客家社團間的互動網絡。資料的處理，是將每一個客家會館組織視為一個節點（行動者），透過田野調查與訪談，瞭解行動者與行動者之間的關係存在與否或是強弱。

　　資料的處理分成內部網絡分析以及外部網絡分析。內部網絡分析是針對個案中各個成員所形成的社會網絡繪製網絡圖，由於成員有明確的範疇與清單，因此可以很具體繪製出彼此連結的情形，並藉以分析關係強弱。新加坡客家會館內部網絡分析以南洋客屬總會、應和會館、惠州會館、茶陽（大埔）會館、豐順會館、永定會館、廣西暨高州會館、新加坡臺灣客家同鄉聯誼會與亞洲臺灣客家聯合總會為個案成員，並限定為此九個客家會館，

表5-27　新加坡客家會館成立年代

會館名稱	成立年代
新加坡應和會館	1822 年
新加坡惠州會館	1822 年
新加坡茶陽（大埔）會館	1858 年
新加坡豐順會館	1873 年
新加坡廣西暨高州會館	1883 年
新加坡永定會館	1918 年
新加坡南洋客屬總會	1929 年
新加坡臺灣客家同鄉聯誼會	2005 年
亞洲臺灣客家聯合總會	2011 年

個案清單與基本資料請參閱表5-27。

外部網絡分析則是以此九個客家會館為核心，依照每年舉辦的活動以及發生的事件找出所有與這些會館連結的人事地物，舉凡活動、組織、人物、地區等都可以列為節點，透過這些節點的搜集與串連，可以更加清楚新加坡客家會館的整體社會網絡，以及這些節點的重要性。透過外部節點的串接，進行客家會館整體社會「關係」分析，以瞭解組織特性與個別屬性之外的發展趨勢。此外，會使用社會多面向尺度分析（Multidimensional Scaling, MDS）以及叢集分析（Cluster Analysis）等方法，說明這些空間位置與距離的社會意義。

（一）新加坡客家社團社會網絡內部分析

以社會網絡觀點分析新加坡客家會館，可以透過社會行動者間的量化數值，瞭解會館之間的相互依賴程度。社會網絡內部分

析是九個會館視為相互連結的內部網絡，在訪談時，分別詢問「在舉辦相關活動時，曾經和哪些社團合作？」、「會與哪些社團分享活動資訊或出版訊息？」、「在舉辦相關活動時會去邀請哪些社團參加？」、「在推展會務或是會務運作時，如果遇到困難會去找哪些社團尋求建議或協助？」等問題，取得會館關係連結資料後，進行社會網絡分析。社會網絡內部分析方法主要分為：點度中心性分析以及次團體叢集分析。

1. 中心性分析

根據訪談時填答的資料，將會館與會館之間活動發生頻率次數一一填入，製作成新加坡客家會館社會網絡連結矩陣，參見表5-28。最後根據網絡圖及中心性進行資料的分析，藉此瞭解哪些客家會館是新加坡客家會館社會網絡中的重要組織。

整體網絡集中性（Network Centralization）越高表示客家會館之間的連結越緊密，彼此可分享資源的機會越高，新加坡客家會館網絡集中性為33.57%，表示彼此互相連結的程度還可以再提高。透過Blau's Index來衡量網絡內會館的差異程度（Blau 1977），新加坡客家會館與會館之間的差異性（Blau Heterogeneity）為14.49%，表示差異性不大，會館之間的同質性高。從質異指數（IQV）分析實際觀察到之變異量，新加坡客家會館的Normalized IQV（正規化IQV）為3.80%，表示客家會館之間的差異不大，可以區分的類別不多，表示會館同質性高。因此新加坡客家會館社會網絡屬於同質性較高的網絡連結，也就是說會館的社會關係、慶典活動以及服務項目都很相似，詳細數據可以參閱表5-29。

接下來將連結點度區分為向外度數（Out-degree）表示「發

表5-28　新加坡客家會館社會網絡連結矩陣

	總會	永定	豐順	茶陽	應和	臺客	亞客	惠州	廣西
總會	0	3	4	5	5	1	0	1	4
永定	3	0	3	4	4	0	0	1	2
豐順	3	4	0	4	4	0	0	1	0
茶陽	4	5	4	1	4	0	0	1	3
應和	5	2	3	3	0	0	0	1	2
臺客	1	0	0	0	0	0	0	0	0
亞客	1	0	0	0	0	1	0	0	0
惠州	3	1	2	4	4	0	0	0	0
廣西	4	2	0	3	2	0	0	0	0

送」訊息給其他會館或是向外尋求合作的連結，以及向內度數（In-degree）表示從其他會館「接收」訊息或是接獲邀請的連結（參考表5-30）。

依照向外度數排序，經常對外發送訊息、主動邀請合作或是提供服務的會館依序為南洋客屬總會、茶陽（大埔）會館、永定會館、豐順會館、應和會館、惠州會館、廣西暨高州會館、亞洲臺灣客家聯合總會、臺灣客家同鄉聯誼會。南洋客屬總會不僅是客家會館的核心組織，同時也對外代表客家會館。南洋客屬總會的董事總共有50多位，其中有7個代表就是由7個創會會館提出的代表。依照向外度數計算結果，茶陽（大埔）會館、永定會館、豐順會館、應和會館等也是較積極向外聯繫及合作的會館。

向內度數（In-degree）是觀察會館之間訊息的接收，表示有多少其他會館發送訊息或是聯繫此會館，如果會館從眾多會館接收訊息，顯示此會館具有聲望，其他會館希望獲得此會館的認

表5-29　點度中心性分析

	Out-degree	In-degree	NrmOutDeg	NrmInDeg
Mean（平均數）	13.444	13.444	33.611	33.611
StdDev（標準差）	7.197	8.833	17.993	22.083
Sum（總和）	121	121	302.5	302.5
Variance（變異數）	51.802	78.025	323.765	487.654
SSQ（社會支持度）	2093	2329	13081.25	14556.25
MCSSQ（平均數減總和平方差）	466.222	702.222	2913.889	4388.889
EucNorm（歐基理德準則）	45.749	48.26	114.373	120.649
Minimum（最小值）	1	0	2.5	0
Maximum（最大值）	23	24	57.5	60
NofObs（觀察值）	9	9	9	9

*Network Centralization=33.57%

**Blau Heterogeneity=14.49%　Normalized (IQV) =3.80%

表5-30　發送與接收點度中心性分析

	Out-degree（發送點度）	In-degree（接收點度）	NrmOutDeg	NrmInDeg
總會	23	24	57.5	60
茶陽	21	23	52.5	57.5
永定	17	17	42.5	42.5
豐順	16	16	40	40
應和	16	23	40	57.5
惠州	14	5	35	12.5
廣西	11	11	27.5	27.5
亞客	2	0	5	0
臺客	1	2	2.5	5

可，因此傳送訊息給此會館，或是邀請此會館參加活動。依照向內度數中心性的計算結果，南洋客屬總會是接收訊息以及獲邀參加活動最多的會館，代表其他會館非常願意與南洋客屬總會進行交流或是尋求合作。茶陽（大埔）會館、應和會館也是其他會館經常聯繫的對象，客屬總會在訪談時表示比較小的會館經常希望總會來幫忙，例如兩年舉辦一次的美食節活動就要求總會支持。

2.次團體叢集分析

利用相鄰或距離呈現為網絡分布圖，以顯示不同客家會館彼此有多「接近」，是否在空間中形成「次團體」或「集群」。將社會網絡連結矩陣依照非計量多元尺度法計算會館連結距離，並依向外度數（Out-degree）高低繪製節點大小，對內發送點度（In-degree）高低繪製節點顏色深淺，請參考圖5-24。由此發現南洋客屬總會居於網絡中心點，而同屬豐永大公會的豐順會館、茶陽（大埔）會館、永定會館距離則較為接近。南洋客屬總會、茶陽（大埔）會館、應和會館則為客家會館網絡中較受重視的節點，為求客家會館網絡關係全面性瞭解，接下來進一步完成次團體叢集分析。

次團體叢集分析的概念乃是將一個一個的次團體自原始完整網絡中分離出來，不同的次團體藉由彼此相互連結而構成了一個整體的階層化關係網絡，叢集分析的目的是為了找出哪些次團體組成了整體網絡，在UCINET進行階層叢集分析（Johnson's Hierarchical Clustering）。叢集分析的結果將以階層圖呈現，越靠近的會館，代表其連結關係較為緊密；反之，距離遙遠的會館，則代表其連結關係較為疏離。

早期客家移民在新加坡可以分為三幫，分別為嘉應五屬（廣

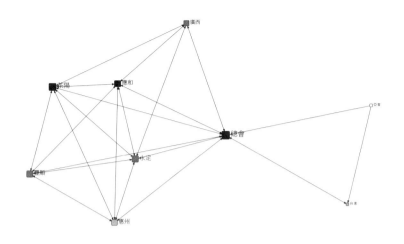

圖 5-24 新加坡客家會館網絡圖

東梅縣、蕉嶺、興寧、五華、平遠五縣）；豐（廣東豐順）永
（福建永定）大（廣東大埔）；惠州府（廣東惠州）。三幫中的
嘉應五屬成立了嘉應會館，豐永大分別成立了茶陽（大埔）會
館、豐順會館、永定會館，以及豐永大公會，惠州府成立了惠州
會館。惠州會館超越客幫與廣肇二府的界限，形成廣惠肇社群，
這就是早期新加坡客家會館的社群網絡（曾玲、莊英章 2000：
39）。由圖 5-25 結果顯示，第一組次團體的組合為總會、應
和、永定、茶陽（大埔）會館，同屬豐永大公會的茶陽（大埔）
會館、永定會館自然而然成為關係緊密的次團體，平常各項活動
以及資源交流密切。第二組次團體再加上豐順以及惠州會館。第
三組次團體再加上廣西會館。最後一組次團體則是來自臺灣的客
家團體，包括臺灣客家同鄉聯誼會以及亞洲臺灣客家聯合總會。

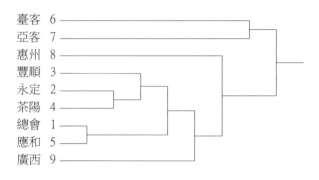

圖 5-25 新加坡客家會館次團體叢集分析

（二）新加坡客家社團社會網絡外部分析

1990年以來，新加坡客家會館經常舉辦節慶與文化活動，新加坡客家會館社會網絡外部分析是以與客家會館廣泛連結的人、事、地、物爲主體，包括個人、組織、活動、地區等進行網絡分析。過去文獻也指出新加坡客家的獨特性明顯鑲嵌於跨國政商網絡的關係建構之中，高度經濟全球化的新加坡，其客家文化的特質就是在跨國商業關係網絡的連結（柯朝欽 2017），因此本研究著重客家會館的政商關係與全球化連結。訪談時請會館逐一列出「商業組織、社會賢達或是政治領域方面經常聯繫的人士或是組織」、「會館過去兩年舉辦過哪些重要的活動」、「海外地區、中國、臺灣等經常聯繫的政府部門、商業組織或是民間社團」，將資料加以整理編碼，整理出不同的活動節點、政商關係節點、社團節點等，並製作成節點清單（Node List）加以分析（請參閱圖5-26），新加坡客家會館外部社會網絡代表著與新加

坡客家社團經常聯繫的個人、組織或是活動。經過資料篩檢及正規化後共有241的節點，逐步將資料精簡以獲取所需的資訊，可以瞭解新加坡客家會館對外的資源連結分布與重要專案。

由於這些個人、組織、活動、地區等節點都是以會館為連結中心，因此不適合用向外度數（Out-degree），改以向內度數（In-degree），也就是從會館「接收」的連結數。依照向內度數排序，將這些會館主動連結數量多的個人、組織、活動、地區等視為重要的節點。

依照不同「向內度數」可以將新加坡客家會館外部社會網絡節點分為四種層次，分別為核心組織、藝文活動、信仰傳統、節慶原鄉為主體的社會網絡，如圖5-27。

1.以核心組織為連結的社會網絡

經過外部節點「向內度數」分析後，發現外部社會網絡中，最核心的組織包括南洋客屬總會、茶陽（大埔）會館、應和會館、豐永大公會（參閱圖5-28）。這四個組織在新加坡客家會館社會網絡扮演著重要的節點角色，客家會館經常聯繫這些核心組織，或是傳遞資訊或是尋求協助，南洋客屬總會、茶陽（大埔）會館、應和會館原本就是重要的客家會館組織，而豐永大公會則是連結豐順會館、永定會館及茶陽（大埔）會館的重要組織，三個會館彼此合作，例如茶陽（大埔）會館在舉辦活動時，除了南洋客屬總會、茶陽勵志社外，就是找豐永大公會（或稱三邑祠）的成員。

2.以藝文活動為連結的社會網絡

第二層次「向內度數」的外部節點以藝文活動為主軸，包括客家委員會、山歌觀摩會、永定會館、豐順會館、新加坡宗鄉總

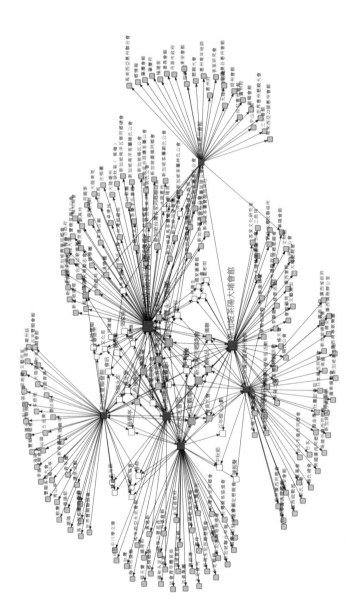

圖 5-26　新加坡客家會館外部社會網絡

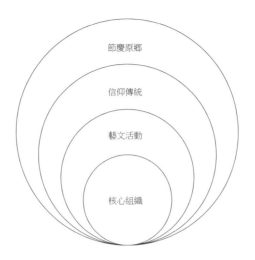

圖 5-27　新加坡客家會館社會網絡外部連結強度

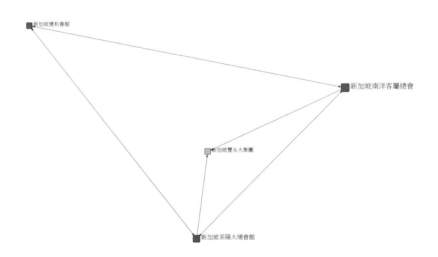

圖 5-28　以核心組織為連結的網絡圖

會，請參考圖5-29。其中永定會館、豐順會館原就屬於重要的客家會館組織，在整個新加坡客家會館社會網絡中扮演重要角色。「客家山歌觀摩會」則是外部連結中重要的活動節點，新加坡茶陽（大埔）會館辦首屆客家山歌觀摩會，之後整個新加坡的客家會館組織都圍繞著客家山歌觀摩會，不同的客家會館會每兩年輪流承辦客家山歌觀摩會，客家山歌觀摩會已經成為新加坡客家文化的傳承模式，更是新加坡客家人推廣客家文化的共識，永定會館就認為會館重大成就之一就是舉辦客家山歌觀摩會活動。南洋客屬總會也認為會館重要成就之一是合唱團，已經成立三十多年，華樂團也有三十多年，客家人成員大概約佔40%，成員都是30歲到40歲的年輕人。豐順會館也有很多年輕人在唱山歌，客家山歌演唱在新加坡可以說是重要的藝文活動。在與會館相關人士訪談中也可以發現客語在新加坡的消失似乎是無法逆轉的趨勢，客家會館推出各項活動引起各界對客家文化的關注，以減緩其消失的速度，同時也積極進行客家文化的研究，將客家文化記錄傳承下來。

　　新加坡客家會館與臺灣的組織聯繫以客家委員會為主，客家委員會在新加坡推廣客家文化也是以藝文活動為主，客家委員會有時會安排客語教學課程，但是有時候課程並不適合，因為新加坡的客語腔調與臺灣的不盡相同。客家委員會會請臺灣的客語歌唱團體來新加坡，例如在2017年客家藝文團隊山狗大後生大樂團，參與新加坡客家山歌觀摩會演出，受到熱烈迴響。新加坡客家會館也期待交流活動可以更加的多元化，邀請臺灣的作家或是其他表演藝術家到新加坡來訪問，特別是客屬的作家，毋須每次都是唱歌或是跳舞。茶陽（大埔）會館跟臺灣的客家委員會主要

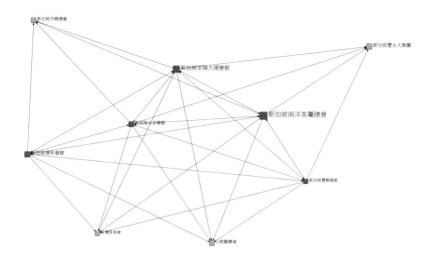

圖 5-29　以藝文活動為連結的網絡圖

的聯繫目的也是進行文化的交流，新加坡客家會館普遍認爲文藝方面的交流可以增加。臺灣與新加坡的客家文化交流持續且密切，從民間組織到學術機構之間均有各項藝文活動、美食推廣、語言教育、歷史研究等合作，成爲新加坡客家文化延續傳承的重要基礎。

　　新加坡宗鄉會館聯合總會簡稱「宗鄉總會」，成立於1986年，是由南洋客屬總會、福建會館、潮州八邑會館、廣東會館、海南會館、三江會館及福州會館聯合發起的。其主要宗旨是加強華人宗鄉會館的密切合作，主辦或資助有關教育、文化、社會等方面的活動，提高公眾對華族語文、文化和傳統的認識，負責帶動華人社會、推展華族文化。由宗鄉總會文化組主辦的「愛國歌曲大家唱」，以及另外一個活動「鄉情鄉韻」，都是華人會館重要的文化活動。宗鄉總會每年選出的「傑出會館獎」也是新加坡

客家會館經營的重要指標，新加坡客屬團體首位得獎者爲永定會館，第二位得獎者爲豐永大公會，第三位得獎者是茶陽（大埔）會館。

3.以宗教和文化為連結的社會網絡

第三層次「向內度數」的外部節點以宗教信仰以及傳統文化爲主軸，包括廣惠肇、美食節、綠野亭、新加坡廣西暨高州會館、碧山亭、會員大會、馬來西亞、八邑福德祠、會訊、楊莉民、僑聯、特刊、大陸豐順、鍾仕達，請參考圖5-30。大約在19世紀，廣客兩幫共同經營墳山，先後建立青山亭以及綠野亭，成爲新加坡最早的墳山組織。1871年廣惠肇社群建立了碧山亭，1882年豐永大社群建立三邑祠，1887年嘉應五屬社群建立雙龍山五邑祠。1940年綠野亭被遷徙後，墳山組織主要分爲豐永大公會（毓山亭）、應和會館（雙龍山）、廣惠肇（碧山亭）。

新加坡客屬八邑福德祠（望海大伯公廟），由嘉應五屬會館與豐永大公會等客籍人士出資，創立於1844年，這座位於新加坡商業區的歷史古廟一直伴隨著新加坡的成長，每年舉辦敬老慈善午宴，邀請不同社群和籍貫的老人參與（利亮時 2009b：42-43）。新加坡廣惠肇碧山亭創立於1871年，是中國廣東廣府、肇慶、惠州三屬墳山的管理機構，其下所屬有16所會館，番禺會館、清遠會館、增龍會館、南順會館、花縣會館、順德會館、中山會館、鶴山會館、甯陽會館、恩平會館、岡州會館、三水會館、東安會館、高要會館、惠州會館和肇慶會館。每年從華人農曆新年開始到歲末年終，碧山亭跟三屬社團展開一系列的活動，例如新春團拜、春秋二祭、周年慶典、祭祀神民、以及頒發三屬

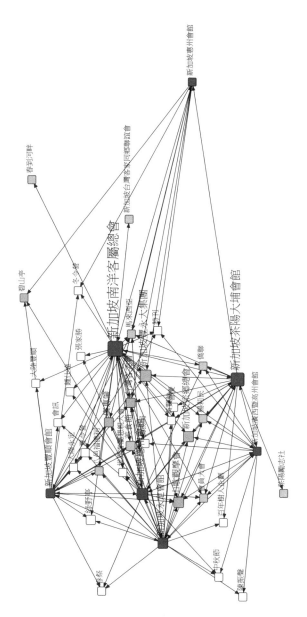

新加坡惠州會館

春到河畔

新加坡台灣客家同鄉聯誼會

新加坡南洋客屬總會

碧山亭

冬令營

新加坡永大集團

會刊

新加坡茶陽大埔會館

大伯爺順

張家勝

僑聯

新加坡豐順會館

趙文生

會訊

新加坡南洋客總會

新加坡西陽西暨惠州會館

茶陽勵志社

淡野事

百年樹人獎勵

中秋節

端午節

清明

圖 5-30 以宗教和文化為連結的網絡圖

子女獎學金與老人度歲金等（曾玲、莊英章 2000：25）。

在進行第三層次的社會網絡分析時，也可以發現新加坡客家會館很積極在聯繫世界各地的客家團體，經常負責舉行全球性客家懇親會議，例如世界客屬懇親大會、世界永定懇親會、世界惠州懇親大會、世界豐順懇親聯誼會。同時也經常與世界各地的客家團體進行文化交流，例如印尼永定會館、印尼惠州會館、泰國曼谷惠州會館、泰國豐順會館、馬來西亞、馬來西亞惠州會館、馬來西亞大埔縣社團組織、馬來西亞永定會館、馬來西亞惠州聯合總會、中馬豐順會館、馬來西亞豐順會館以及臺灣東勢石岡鄉、客家委員會等。

4.以節慶和原鄉聯繫為連結的社會網絡

第四層次「向內度數」的外部節點以節慶活動以及原鄉聯繫為主軸，包括組織有中秋節、春祭、會慶、春到河畔、世界客屬懇親大會、夏令營、大陸永定、冬令營、新加坡惠州會館、新加坡臺灣客家同鄉聯誼會、茶陽勵志社、黃賢強、僑務局、陳振聲、張家勝、百年樹人企劃。新加坡客家會館在社會所扮演的角色並非一成不變，隨著社會變遷，會館的功能也積極轉型，投入較大範疇的社會參與，舉辦各種文化活動（蕭新煌 2011：5），包括世界客屬懇親大會、冬令營、夏令營、百年樹人企劃、春到河畔、會員大會。節慶活動有春祭、端午節。原鄉地區有中國豐順、中國永定。

個人節點有何僑生、張家勝、黃賢強、楊莉民（請參閱圖5-31）。會館、華商、華教是新加坡華人社會組成的重要部分，亦是東南亞華人社會一個維繫本身族群的機制，許多傑出的商界人士成為了華人社會的領導者，影響力從商場、政界延伸到會館

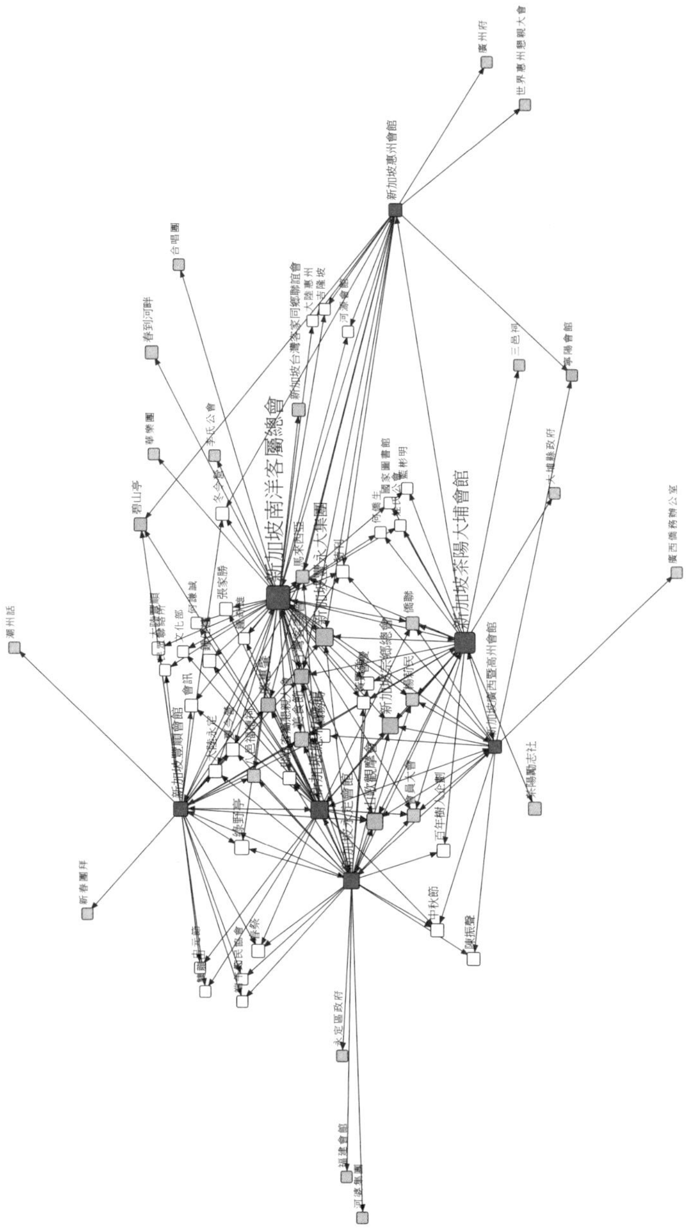

圖 5-31　以節慶和原鄉鄉緣為連結的網絡圖

與華校教育（利亮時 2009a），社會網絡的個人節點何僑生、張家勝、楊莉民都是此類代表人物。而黃賢強為新加坡國立大學文學暨社會科學院中文系教授，因從事許多新加坡客家會館研究，也是會館關係網絡中的重要人士。新加坡的客家移民仍然保有春秋二祭的傳統習俗，在每年清明節和重陽節舉辦活動，但二者相較，新加坡華人還是比較重視「春祭」，也就是清明祭祖（曾玲、莊英章 2000：132）。中國原鄉的連結除了豐順、永定，還有外僑組織也經常被提及，其他地區例如大埔、東莞、惠州、惠來、揭陽、普寧、廈門、潮州、饒平、永定也與新加坡客家會館有所連結，客家會館經常透過冬令營、夏令營將年輕子弟送至中國的原鄉進行文化交流。

（三）新加坡客家社團社會網絡結構洞分析

　　本章利用網絡限制的指數（network constraint index）來觀察客家社團的結構洞分布狀況，網絡限制的指數數值介於0到1之間，表示會館與會館之間聯繫受限的程度，結構限制分數越高表示客家社團很難聯繫的其他社團，反之則代表會館要連繫其他社團的自主性很高，也就是具有較多的結構洞（Burt 1992），佔據了社團與社團之間聯繫的必要管道，象徵著這個社團在整體網絡聯繫中扮演著重要角色。此次研究在新加坡共調查了9個客家社團組織，根據其社會網絡連結，整體的新加坡客家社團社會網絡總共有241個網絡節點。根據結構洞多寡（參閱表5-31），前19名依序為新加坡惠州會館、新加坡南洋客屬總會、新加坡豐順會館、新加坡永定會館、新加坡茶陽大埔會館、新加坡廣西暨高州會館、新加坡應和會館、寧陽會館、廣惠肇、碧山亭、山歌觀摩

表5-31　社會網絡結構洞分析

Node	Constraint	Out-degree	In-degree
新加坡惠州會館	0.0713	42	3
新加坡南洋客屬總會	0.0723	109	24
新加坡豐順會館	0.0880	75	8
新加坡永定會館	0.1021	74	9
新加坡茶陽大埔會館	0.1319	66	17
新加坡廣西暨高州會館	0.1509	58	5
新加坡應和會館	0.2320	32	13
寧陽會館	0.5000	0	2
廣惠肇	0.5450	0	6
碧山亭	0.6050	0	5
山歌觀摩會	0.6454	0	9
臺灣客家委員會	0.7019	0	7
新加坡豐永大集團	0.7646	0	13
新加坡宗鄉總會	0.7743	0	9
會員大會	0.7781	0	5
馬來西亞	0.8152	0	5
楊莉民	0.9664	0	4
僑聯	0.9747	0	4
美食節	0.9880	0	6

會、臺灣客家委員會、新加坡豐永大集團、新加坡宗鄉總會、會員大會、馬來西亞、楊莉民、僑聯、美食節。

（四）新加坡客家組織社會網絡類型

　　新加坡的客家組織社會網絡是屬於階層式社會網絡（Hierarchical Social Network），南洋客屬總會是具有實質權力核心的總會組織，不但具有正式的會員關係，還具有組織上的權利義務，且對外聯繫主要是透過總會運作。形塑這種具體階層式社會網絡的外在原因，是因為有「宗鄉會館聯合總會」的設立，是華

人宗鄉會館最高的領導單位。雖然亞洲臺灣客家聯合總會、臺灣客家同鄉聯誼會與其他會館沒有正式會員關係，但要聯絡這些客家社團，還是會透過南洋客屬總會。因此，新加坡國內的客家會館網絡屬於階層式社會網絡，該國之客家會館有正式的會員組織，以南洋客屬總會爲運作核心，共有應和會館、惠州會館、茶陽（大埔）會館、豐順會館、永定會館、廣西暨高州會館，對外的聯繫均以南洋客屬總會爲主要對象。南洋客屬總會不僅是客家會館的核心組織，同時也對外代表客家會館，南洋客屬總會的董事總共有50多位，上述7個社團代表是7個創會會館。[9]

四、泰國

泰國地區雖未受過歐洲殖民帝國統治，華人人口也不如新、馬、印那麼多，但中國人很早就開始移民泰國，13世紀便有雲南地區部分少數民族部落開始移居泰國湄南河流域，加上中泰兩國的貿易頻繁，華人經濟獲發展，在泰國部分地區逐漸形成華人社區或社會（許茂春 2008：12）。

無論社會地位或是族群關係，比起新馬一帶，泰國的華人情形較爲特殊，早期泰國重要的經濟產業幾乎全部掌握在華人手中，例如鐵路工程、開採錫礦等，使得華人不僅與泰國政府關係良好，也與當地泰人互動頻繁，因此同化程度相當高。但因地域

---

9 本節有關新加坡會館網絡的部分分析，曾以「新加坡客家社團的社會網絡模式」（張陳基、蕭新煌）爲題，發表於《會館、社群與網絡》（黃賢強主編），新加坡國大中文系、新加坡茶陽（大埔）會館等出版，2018，頁139-160。

廣大，本節將泰國區分爲曼谷地區與南部宋卡地區進行社團網絡分析，進一步探究兩大區域的客家社團發展狀況。

（一）泰國華人社團組織

海外華人社團發展趨勢大致以連結鄉誼，敦睦宗族，患難相互助爲目的，因此建立有鄉族、互助、慈善團體各類組織。民國46年（1957）12月23日，曼谷中原日報社論曾指出：「泰國之有華僑，誰都知道有著綿長的歷史，但僑社之有僑團，而僑團之有歷史可記者，當以今日之廣肇會館爲最長」（梁子衡 1959：110）。

關於旅泰廣肇會館之歷史，據泰京廣肇會館80周年紀念刊之記載：「廣肇署人士南來泰國，至光緒初年，已達數百人，以從事工商兩業爲多，散居於孟叻三聘及城內四角等地，平日甚少往還，蓋猶未能認識合群團結之義也。」旅泰華僑同鄉宗族之組織日增，以人衆力厚見稱者當推泰國潮洲會館、泰國華僑客屬總會、泰國海南會館，此外，被列入七屬會館者，尚有泰國臺灣會館、泰國江浙會館及泰國福建會館（梁子衡 1959：111-112）。

如上述，泰國曼谷華人會館林立，主要活動以七屬會館爲核心，泰國的華人社團組織大致可分爲四類：

1. 鄉族團體：泰國華僑社團活動，雖多由中華總商會出面領導，但必由七屬會館爲核心，如七屬會館不參與其事，任何活動即無群衆基礎。曼谷現有鄉鎮團體如下：中華會館、泰國潮州會館、泰國華僑客屬總會、暹羅海南會館、泰京廣肇會館、泰京福建會館、暹羅臺灣會館、泰國江浙會館、旅暹潮安同鄉會、旅暹潮陽同鄉會、暹羅揭陽會

館、泰國澄海同鄉會、旅暹普寧同鄉會、旅暹大埔公會。

2. 商工團體：泰國商工團體，當推中華總商會為其首，但其他同業公會亦具雄厚之力量。中華總商會非由各地商會共同之組織，其會員乃以商店及個人為對象。

3. 宗教社團：泰國為一佛教國家，據悉泰國有十餘萬之僧，信仰佛教之民眾超過千萬，除佛教外，基督教及天主教在泰國亦佔重要位置，華僑受此影響頗大，故華僑社會佛教團體及天主教之禮拜堂林立。

4. 泰國各地華僑團體：泰國71府，每府均有華僑居留，成家立業，與當地人士和平共處，且有華僑之地區，亦多有華僑社團組織，據僑務委員會檔案及有關泰國華僑社團資料統計，泰國曼谷以外各地華僑團體一共有432單位，其中以泰南之合艾（包括宋卡）、董里、洛坤及泰北之清邁佔大多數，若以合艾地區為例，則有合艾廣肇高同鄉會、合艾客屬總會、合艾潮州會館、合艾海南會館、合艾福建會館、合艾福州會館、合艾中華會館、合艾中華書報社、合艾暹南華僑樹膠公會、合艾中華學校校友會、合艾中華慈善院、合艾勵青社、宋卡廣肇會館、宋卡客屬會館、宋卡潮州會館、宋卡瓊州會館（梁子衡 1959：122）。

（二）泰國客家人與半山客

客家先民移居泰國，始於元末而盛於清朝，大量移居海外則是清康熙解除海禁後，清康熙61年（1722）開始中泰大米貿易及1842年簽訂南京條約，開放上海、寧波、福州、廈門、廣州五口通商，清政府由海禁政策變為對外開放，准許洋人在通商口

岸設立「洋行」，西方人在中國大量掠奪華工，運往東南亞各國及南北美洲等地，即所謂的豬仔貿易。

客家人最早抵達泰國有文字記載者，是陳宏謀在萬磅開設壽元堂藥行，伍淼源與許必濟曾在航行南洋線的紅頭船上服務，後定居泰國。泰國客家人梯山航海，秉持刻苦耐勞的精神，白手創業，勇以開拓，今天客家人已遍布全泰75府，所從事行業有紡織、成衣、皮革、金銀、五金製品、橡膠及煙草、銀行和成衣等，皆各有成就，不少更成為泰華工商界翹楚，為客家人增光（盧鈞元 2006：185-189）。

19世紀客家人在吞武里、曼谷等地先後建造了三奶夫人廟、關帝廟、漢王廟、觀音廟等，這些廟既是祭祀祖先、聖賢的場所，亦是聯絡鄉情的地方。19世紀60年代，祖籍廣東梅縣的李家仁、伍福，建立「集賢館」，這是泰國客屬人最早的社團組織（羅英祥 1994：15）。「集賢館」是現今「泰國客家總會」（簡稱客總）的前身，創立於1870年，會址設於三皇府，設立宗旨首重義氣，互助互惠，團結鄉親，成立至今已148年，於1984年舉行全泰客家第1屆懇親大會之後，每隔兩年舉行一次，2017年已舉辦第18屆，出席的單位除了8間客家兄弟會[10]之外，泰國內地的會館和聯誼會也不少，目前全國各府建有獨立性的客家會館，計有：（1）合艾客家會館、（2）清邁客家會館、（3）春蓬客家會館、（4）呵叻客家會館、（5）彭世洛客家會館、（6）羅勇客家會館、（7）素叻客家會館、（8）董里客家

10　包含泰國客家總會、泰國豐順會館、泰國客屬商會、泰國大埔會館、泰國興寧會館、曼谷惠州會館、泰國臺灣客家同鄉會、泰國梅縣會館。

會館、（9）烏汶客家公會、（10）洛油客家會館、（11）程逸客家會館、（12）吁隆客家會館、（13）佛丕客家會館、（14）北欖坡客會館、（15）勿洞客家會館、（16）宋艾哥樂客家會館、（17）佛統客家聯誼會、（18）坤敬客家聯誼會、（19）北標客家會館、（20）大城客家聯誼會、（21）素輦客家會館、（22）叻丕客家會館、（23）帕府客家會館、（24）武里南客家慈善公會、（25）烏泰他尼客家會館、（26）達府客家會館、（27）宋卡客家會館、（28）北大年客家會館、（29）素可泰客家聯誼會等29個單位，客總與內地各客家會館，連成一片，團結合作，每兩年輪流在各府召開一次懇親大會至今（盧鈞元2006：188）。

泰國客家人當中，還包含了「潮汕半山客」，半山客祖籍為潮汕地區，多居住在半山區，山多田少、窮鄉僻壤、交通不便，大部分農民無地耕種，靠宗族田輪耕而食，或向地主租地。潮汕半山客人的海外移民方式大部分是自由移民，時間與其他華人無異，目前潮汕在海外的半山客人大部分居住在泰國、馬來西亞等東南亞國家，移民乘船抵泰後，大多數散居在曼谷和暹羅灣東西海岸，再逐步向內地延伸發展，19世紀末，泰國開闢了曼谷至東北部鐵路線，鐵路通到哪裡，華人勞工就跟到哪裡，經過兩三百年的移動、開發，半山客華人足跡已遍布泰國70多個府，《豐順縣華僑志》敘述昔日華人（多數湯坑一帶的半山客）在泰國開發北碧（府）、素攀（府）原始森林，種煙草、種甘蔗、種茱和養豬，或到西勢（泰南）種植橡膠、採錫礦（劉青山2006：47）。在泰國的半山客人約50多萬人，他們部分人參加客屬會館，部分人參加潮屬會館，或兩者兼有之，但做為半山客

人在會館佔少數，常有寄人籬下之感，於是泰國便出現了半山客會館，1976年，泰國合艾半山客同鄉會更名爲泰國半山客會館，首任理事長李宏瑋（祖籍揭西縣）（劉青山 2006：45）。

本研究在曼谷田野調查總共訪談了7個泰國客屬會館，得出以下資料：

1. 泰國惠州會館在曼谷地區有300位會員，成立更久的泰國惠州會館（合艾）會員人數有1,000-2,000人，已經成立四十年。平常活動有中秋節聯歡活動、敬老金發放（75歲以上）、獎助金發放、譚公爺聖誕。國內活動則有兩個月一次兄弟會，其中泰國客總有獎勵母語推動。在26周年慶會邀請馬來西亞會館參加並出26周年特刊送給會員。過去入會費1,000元，現在改以捐款爲主，理事長30萬、其他理事月捐400-1,000元不等。會務主要以康樂活動、聯歡晚會、交際活動、會務稽核爲主，在會務困難點上是以會內意見分歧以及年輕人接班問題爲主。使用語言以客語（或稱惠州話）、華語爲主，泰語居次，這點跟其他會館不同，許多泰國的客家會館無論是開會或是舉辦活動，都是以泰語爲主。

2. 泰國梅縣會館在經營上以古柏生會長所主導的文化活動爲主，不定期出版梅州會刊，同時也有網站經營，但多以泰文爲主。在會務及舉辦活動上幾乎都是以泰語爲主，第三代之後的客家人，在曼谷已經很少會說客家話了。

3. 豐順會館會員人數有上千人，但實際聯繫的約有百餘人，全泰國約有30多個聯絡處，上萬位會員，平常活動以聚餐（三個月一次）、會員大會、理事會、獎學金發放爲主，

中秋聯歡晚會與團拜皆已停辦，比較特別的是跟潮州會館相關的九個屬會關係良好，泰華九屬會館（潮州會館、客屬總會、廣肇會館、海南會館、福建會館、江浙會館、臺灣會館、廣西會館和雲南會館）。

4. 泰國客家總會，最早稱暹羅客家會館，有5個分會，現有35個分會，因為不能用「分會」的名稱，而改為當地地名聯絡所，其中有25個有會所大樓，會員人數上萬人，平時聯繫約有5,000千人。兩年舉辦一次懇親大會，獎學金發放、中秋晚會、敬老金、會慶是主要活動，有發行季刊及客家通訊（華文）。

5. 泰國臺灣客家同鄉會，約有500至600位會員，平均年齡60歲，主要的活動為團拜、天穿日、端午、中秋、春節、會慶（兩年一次），有舉辦會議活動才會出特刊，會員交談以客語、華語為主。

6. 大埔會館，原名大埔公會，平時有用Line群組連絡，有網站，但很少更新（使用泰文），新生代較為活躍，由留美博士發起的聯誼活動名為New Generation，會內五大活動包括（1）婚喪喜慶；（2）保生大帝誕辰；（3）獎助學金發放；（4）中秋晚會；（5）敬老金發放。每四年一次回大陸大埔原鄉聚會，目前有發行10周年紀念特刊以及60周年紀念特刊。目前參加的會員，年輕世代較少，一、二代願意參加，第三、四代就很少參加了。

7. 泰國客屬商會每兩個月開一次會，以生意座談為主，另外客屬相關的活動，如中秋、敬老活動都會互相配合。主要活動內容以聯誼、投資合作為主，同樣遇到年輕人不參與

的困難。

由圖5-32可得知泰國客家會館之間的關係：泰國客家會館是以泰國客家總會爲核心，對外聯繫客家委員會是以泰國客家總會爲主，但是網絡連結則是對等關係，彼此互稱兄弟會，每兩個月會聚餐一次。在網絡圖中可以清楚看到每個會館彼此都是有聯結的，比較特殊的是興寧會館，因爲在訪談的過程中，興寧會館一直無法聯繫到相關人員，會長年紀大不方便接受訪談，但會館裡也連絡不到其他幹部，親自到興寧會館館舍也是空無一人，因此在連結關係上，興寧會館並沒有對外的連結。

對外關係最核心的組織爲泰國客家總會、臺灣客家同鄉會、大埔會館、客商總會以及惠州會館，最核心的活動則爲中秋聯歡晚會，中秋聯歡晚會一直是海外客家社團最重要的活動之一。第二級的核心群組則包括豐順會館、梅縣會館以及興寧會館，其中豐順會館應該也是在泰國相當重要的會館，因爲豐順會館跟大埔會館，這兩個會館都跟泰華九屬會館有連結，同時也跟潮州會館關係密切。重要的活動則是敬老金的發放，許多會館在75歲才開始發放敬老金，而會館也普遍遇到一個問題就是會館成員領完敬老金或是獎學金就會離開會館，跟會館的關係薄弱（參閱圖5-33）。

泰國華人的社團組織與其他東南亞國家的華人社團組織稍有不同，第一，因爲華人在泰國的經濟地位普遍佔有優勢位置，除了未曾受泰皇政府打壓，19世紀中葉以前，泰國的對外貿易與內部的商業幾乎全由華商壟斷，不僅是促進對外貿易的主力，又擔任興建新首都各項建築以公共設施的領導者，因此會館組織力量甚大，經費充足。第二，醫藥衛生之慈善機構特別發達，有眾

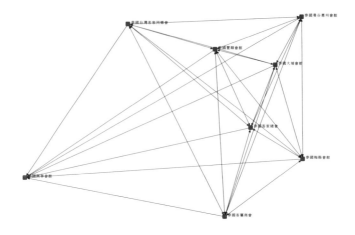

圖 5-32　泰國客家會館內部關係

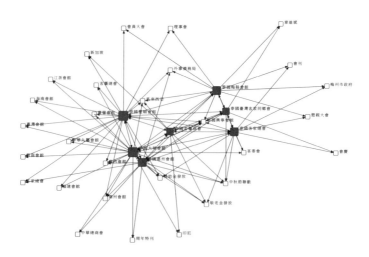

圖 5-33　泰國客家會館外部關係

多華僑醫院，以及各屬會館所附設之醫院等。第三，因泰國爲佛教國家，故華人社會佛教組織也較爲興盛。從泰國的華人社會背景，可以看出泰國的社會組織與其他東南亞國家不同之處，不過泰國華人因泰化政策的影響，難以保存中華文化與家鄉語言，也是目前泰國華人會館普遍面臨的最大挑戰。

（三）泰國南部

本研究共訪談了6間位於合艾以及宋卡的客家會館，將泰南合艾、宋卡客家會館社會網絡進行點度中心性分析，可以看出客家會館之間的連結緊密度，與資源分享的機會。整體而言，泰南合艾、宋卡客家會館之間的差異不大，可以區分的類別不多，表示會館同質性高，因此泰南合艾、宋卡客家會館社會網絡屬於異質性較低的網絡連結。

由圖5-34顯示不同客家會館彼此有多「接近」，是否在空間中形成「次團體」或「集群」，可以發現合艾客家會館居於網絡中心點，而泰國豐順會館合艾聯絡處、合艾半山客會館距離則較爲接近。

自1904年謝樞泗、徐錦榮開始至泰國南部重鎮合艾開埠以來，合艾與宋卡經濟繁榮發展，合艾更成爲泰南經濟樞紐和交通中心。泰南合艾、宋卡客家會館外部網絡圖如圖5-36所示。

表5-34則顯示合艾客家會館、合艾半山客會館、合艾客屬聯誼會、泰國客家總會、合艾中華慈善院均爲合艾重要的聯絡組織，另外聯歡會也是每個會館都會舉辦的重要活動。與上述會館具有網絡關係的次級重要的組織，則有合艾僑團聯合會共有20個社團，包括：合艾客家會館、泰南海南會館、泰南福建會館、

合艾廣肇會館、合艾潮州會館、合艾中華慈善院、合艾普寧同鄉會、合艾同聲善堂、合艾國光校友會、合艾德教會紫南閣、泰南華僑婦女會、泰國惠州會館、泰國半山客會館、合艾泰南廣西會館、宋卡府揭陽同鄉會、合艾福德互助社、宋卡府潮陽同鄉會、合艾國光學校教育慈善會、合艾陶華中學教育慈善會、合艾德善堂等。

表5-32　泰南合艾宋卡客家會館社會網絡連結矩陣

	合艾客家	豐順合艾	合艾梅州	半山客	合艾惠州	宋卡客家
合艾客家會館	0	4	4	4	4	3
豐順會館 合艾聯絡處	3	0	2	5	2	0
合艾梅州同鄉會	5	1	0	1	1	0
合艾半山客會館	4	5	2	0	2	0
合艾惠州會館	4	2	3	3	0	0
宋卡客家會館	4	0	0	0	0	0

表5-33　泰南合艾宋卡客家會館社會網絡點度中心性分析

	Degree（點度）	NrmDegree（點度標準化）
Mean（平均數）	12.67	50.67
StdDev（標準差）	4.96	19.82
Sum（總和）	76.00	304.00
Variance（變異數）	24.56	392.89
SSQ（社會支持度）	1,110.00	17,760.00
MCSSQ（平均數減總和平方差）	147.33	2,357.33
EucNorm（歐基理德準則）	33.32	133.27
Minimum（最小值）	4.00	16.00

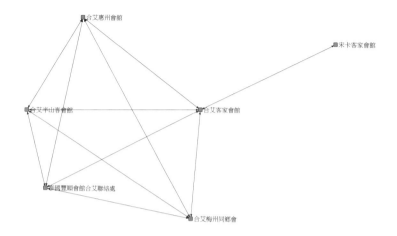

圖 5-34　泰南合艾、宋卡客家會館內部網絡圖

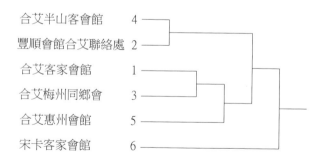

圖 5-35　泰南合艾、宋卡客家會館網絡叢集分析

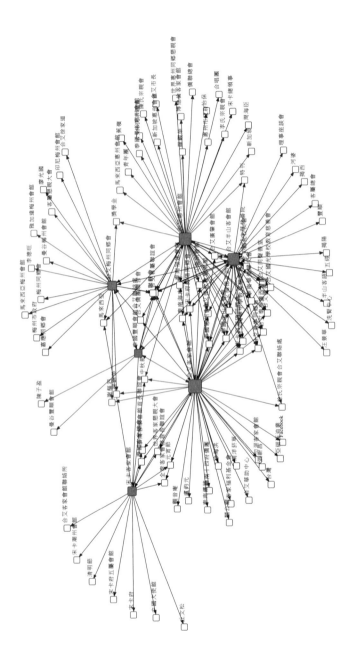

圖 5-36　泰南合艾、宋卡客家會館外部社會網絡

表5-34　泰南合艾、宋卡客家會館外部社會網絡點度中心性

節點	Out-degree	In-degree	NrmOutDeg	NrmInDeg
合艾客家會館	64	12	1255%	235%
合艾半山客會館	47	8	922%	157%
合艾客屬聯誼會	0	8	0%	157%
泰國客家總會	0	6	0%	118%
聯歡會	0	6	0%	118%
合艾中華慈善院	0	6	0%	118%
合艾梅州同鄉會	24	5	471%	98%
合艾廣肇會館	0	5	0%	98%
泰南海南會館	0	5	0%	98%
泰南福建會館	0	5	0%	98%
合艾潮州會館	0	5	0%	98%
泰國豐順會館合艾聯絡處	18	4	353%	78%
馬來西亞	0	4	0%	78%
泰國惠州會館	0	4	0%	78%
謝樞泗	0	4	0%	78%
中秋節	0	4	0%	78%
合艾惠州會館	55	3	1078%	59%
宋卡客家會館	23	3	451%	59%
宋卡府揭陽同鄉會	0	3	0%	59%
合艾福德互助社	0	3	0%	59%
泰國半山客會館	0	3	0%	59%
合艾陶華中學教育慈善會	0	3	0%	59%
青年團	0	3	0%	59%
合艾國光校友會	0	3	0%	59%
合艾同聲善堂	0	3	0%	59%
徐錦榮	0	3	0%	59%
宋卡府潮陽同鄉會	0	3	0%	59%

合艾德教會紫南閣	0	3	0%	59%
泰南客家會館首長聯誼會	0	3	0%	59%
合艾德善堂	0	3	0%	59%
豐順	0	3	0%	59%
泰南華僑婦女會	0	3	0%	59%
馬來西亞惠州會館	0	3	0%	59%
合艾普寧同鄉會	0	3	0%	59%
合艾國光學校教育慈善會	0	3	0%	59%
合艾泰南廣西會館	0	3	0%	59%
合艾僑團聯合會	0	3	0%	59%

（四）泰國客家社團組織社會網絡類型

本節將泰國客家社團區分爲曼谷地區與南部宋卡地區進行不同區域的社團網絡類型分析。曼谷地區共有8個泰國客屬會館，包括泰國客家總會、泰國豐順會館、泰國客屬商會、泰國大埔會館、泰國興寧會館、曼谷惠州會館、泰國臺灣客家同鄉會、泰國梅縣會館（其中，興寧會館無法聯絡以及訪談），曼谷客家社團主要活動以七屬會館爲核心，7個會館之間有正式會員關係且有定期聚會，具有組織派系特徵的多元中心性，該團體組織或是區域中的組織會員權利平等，彼此互相暱稱「兄弟會」，不具有層級性，屬於集團式社會網絡（Clique Social Network）。

泰國南部合艾、宋卡地區的客家會館有6個，包括：合艾客家會館、豐順會館合艾聯絡處、合艾梅州同鄉會、合艾半山客會館、合艾惠州會館、宋卡客家會館。泰國南部合艾、宋卡地區的客家會館所形成的社會網絡關係緊密，彼此聯繫頻繁，但組織與

組織之間並無正式團體會員關係，有些客家社團甚至在同一地點辦公，關係密切，並且透過舉辦活動彼此相互交流，在無互相統屬的關係下，屬於對等式社會網絡（Peer to Peer Social Network）。

五、越南與柬埔寨

在17世紀末18世紀初時，華人在越南南部形成三大聚落中心，分別是同奈省的邊和市、美萩地區和九龍江平原的北部地區，以及堅江省的河仙地區。這三個地區的華人移民都是中國明朝末年的軍民後裔。以同奈省而言，明朝將軍楊彥迪在1679年帶領了一批約3,000多人的軍民入據於此。其中，總兵陳上川率領一部分的華人前往邊和市大舖洲開墾，而後繼續拓展到現今的胡志明市堤岸地區。楊彥迪則帶領一部分的華人前往美萩拓荒，而這些華人的後裔又繼續向九龍江地區擴散。河仙地區的開發則與雷州商人莫玖有關，他在1671年率領族人來到柬埔寨，而後再進入今越南堅江省的河仙地區開發，他們的後裔又繼續往南擴展。這些明朝遺臣武將的南遷，一方面是因眼見明朝即將為清所滅，另一方面，他們的到來也受到當時越南阮朝皇帝的歡迎，因為透過這些人力，阮朝得以向越南南方拓展其勢力。

同奈省的華人除了上述早期明朝末年南來的移民及其後裔外，還有1949年中國國共內戰時期，廣西邊境的黃杰部隊部分被迫撤退的官兵，以及1954年後，因法軍在奠邊府戰役中敗北，隨黃亞生的第五軍團撤退南來的北越華人、儂族和廣寧省的部分少數民族。由於同奈省歷經這三段移民時期而聚集大量的華

人移民及其後裔，其中又以其境內的定館縣尤多，因此在1975年南北越統一時，驚慌的南越華人，基於安全考量，紛紛走避到定館縣，也使華人的分布更爲集中。

這些南越地區的華人大多與來自北方的少數民族如儂人、山瑤等混居，京族則較少在此居住，跟胡志明市的華人分布和周遭的族群不太一樣。胡志明市的建立也與華人移民有很大的關係：18世紀，越南南北對立，群雄爭霸。當時何善文、李才、吳仁靜、鄭懷德組織軍隊平定西山之亂，華商亦曾運載軍事物資協助南越的阮福映完成統一霸業。阮氏登基後，爲感念華人的功勞，乃允許他們依照籍貫和方言分立幫會並自行管理，因此出現了廣肇、福建、潮州和海南四幫。法國殖民越南後，也沿用這套華人自治的管理方式，例如1871年，法國政府規定所有從西貢登陸的華人都必須歸入某幫管理，並將華人分成七幫，亦即廣肇、福建、福州、客家、海南、潮州以及瓊州幫。至1885年，法國殖民政府下令將福州幫併入福建幫，瓊州幫則與海南幫合併，形成後來的五幫局面。[11]

（一）越南客家人與崇正總會

華人幫群在胡志明市設立自己的會館，幾乎每個會館都是館、校、廟三位一體，例如客家幫的崇正總會（館）就設有崇正學校、崇正分校（校）以及關帝廟（廟）。而華人移民中，客家人是最晚才進入胡志明市的。他們在成立自己的會館前，曾與潮

---

11 參見 Alain G. Marsot, 1993, *The Chinese Community in Vietnam under the French*. San Francisco: EM Text. p. 85.

州幫共用會館，並共同祭祀會館中的關帝神祇。隨著客幫的經濟實力逐漸成形、人口增加，加上中國原鄉對於客家意識的討論，這些因素使越南胡志明市的客家鄉親也開始產生對客家的認知，進而極力尋求自立。他們首先成立金邊六省客幫會所，作爲從越南境內和從中國原鄉來此做生意或探親的鄉親歇腳的地方。後因人口增加而無法再和潮幫一起辦理，乃決議以潮7客3的比例分配義安會館的動產，至於不動產（建築物）的部分，右側建築物歸義安會館，左側則歸客幫所有，而中間的關帝廟和廟前空地則由兩幫繼續合用。之後，在崇正醫院內成立越南客幫總會所。1921年受到旅港崇正工商總會成立的影響，[12]越南客幫總會所更名爲崇正會館。[13]

　　1930-1950年代之間，胡志明市的客屬人士分別按照自己所屬的地緣組織了幾個客家社團，計有大埔同鄉福利會、興寧同鄉會、惠東寶相濟會、永安相濟會和揭西福利會。[14]1955年，經所

12　1926年正式更名爲香港崇正總會。

13　有關越南華人遷移歷史、客家人的分布以及客家社團組織的變遷之論述，參考並整理自吳靜宜，2010，《越南華人遷移史與客家話的使用——以胡志明市爲例》。中壢市：國立中央大學客家語文研究所碩士論文；林開忠，2013，〈從「客幫」到「客屬」：以越南胡志明市崇正會館爲例〉，於林開忠主編《客居他鄉——東南亞客家族群的生活與文化》，頁114-130。苗栗縣：客家委員會客家文化發展中心。

14　其中大埔同鄉福利會主要是由大埔、饒平及豐順的客家人所組成。惠東寶是指來自惠陽、東莞跟寶安的客家人，他們原本在胡志明市堤岸以及原嘉定省的巴昭、舊邑及富潤設有惠東安相濟會，在1975年被越南共產政府關閉，1990年復組後，這數個惠東寶組織合二爲一，稱爲崇正惠東寶福利會。永安相濟會主要是紫金客家人所組成，原本是製履工會，復組後更名爲崇正紫金福利會。揭西客家人是在越南解放後才加入崇正會組織，稱爲崇正揭西福利會。參考葉濟正，2013〈越南客家人滄桑史〉（參考本）。

有客家社團協商後，崇正會館董事會改組並更名為崇正總會。此次改組改由前述各個屬縣單位依會員多寡推舉代表參加。其中，大埔和興寧是大縣，可以推舉董事代表各3人，惠陽、東莞、紫金等各推兩名代表，其他沒有同鄉組織的客家鄉親，則由前述人士組成董事會後，再邀請這些鄉屬的知名熱心人士參加。

崇正總會在1975年以前，都設在崇正醫院內，而現址則是當時崇正體育會的辦事處的位置，後者在當時是管理關帝廟的理事會成員之一。1975年南北越統一後，崇正體育會、崇正學校、崇正醫院以及所有相關的產業和不動產、墳地都被越南政府收歸國有。到了1986年，越南改革開放，越南共產黨的華人工作處召集胡志明市華人大會，要求各幫重新組織會館。其中，潮州有關帝廟、海南有水尾娘娘天后廟、福建有二府廟、廣肇有天后廟，唯獨客家沒有自己的廟宇，且也欠缺經濟力量來復興會館。最後在潮州會館的協助下，退還關帝廟數十年來的香油錢給客家幫，協助客家鄉親重組崇正總會。至此，關帝廟的產權才正式劃清，成為只屬於潮州幫的廟宇，其神誕祭祀、香油收入以及廟宇整修，均歸潮州幫全權負責。[15]

崇正總會在1989年取得越南政府歸還部分的產業後，先以崇正管治會的名義運作，直到第4屆理事會，越南政府才正式頒發決定書，[16] 以崇正總會的名義恢復運作。除了會館以外，另一

---

15 參考葉濟正，2013，〈越南客家人滄桑史〉（參考本）。

16 崇正總會位於胡志明市第五郡，因此每一屆理事的任期都必須獲得第五郡人委會簽發決定書，公認理事會成員名冊。會館的活動也都必須遵照胡志明市民族處及第五郡祖國陣線委員會的指導。會館被賦予輔導同鄉，管理名下財產（舊邑崇正群賓會館／舊邑天后廟、第八郡的崇正慈善會館、第12郡新泰一坊的巴

個被歸還的產業爲群賓會館及其附屬的天后宮，其他如崇正醫院、崇正學校、群旅社、崇正體育會等等都成了歷史名詞。復組後的崇正總會，按照解放前的方式，其理監事成員係由各屬縣福利會派代表組成。然而，復組後的崇正總會理監事組織更爲龐大，由大縣（大埔、興寧與惠東寶）各10名代表，和小縣（梅縣、紫金、揭西、欽廉、五華、饒平、豐順、清遠和花縣）各4名代表，合組成理監事會。[17]

從南越客家人遷移歷史以及他們所處的社會政治環境，我們大致可以整理出以下的五點：

1. 在南越地方的客家人主要集中在胡志明市，以及更南方的一些鄉鎮上。

2. 從阮朝開始到法國殖民時期，胡志明市的客幫基本上是所有不歸其他類別（亦即不屬於福建、廣肇、潮州或海南幫）的華人均歸屬於此，但在客幫這個類別中，客家人佔有人口優勢。

3. 在越南的歷史變動中，曾有數次北越華人避難至南方的人口遷移過程，這也使得許多北越地區的少數民族（如 Ngai 及 Nong 等）也跟著南下，造成南方鄉鎮客家人口組成的複雜化。

4. 胡志明市的客家人祖籍非常多元，其中以大埔、興寧及惠

點客家宗祠、同奈省邊和市化安縣安和鄉的邊和化安義祠）以及發揚客家人的文化價值。參考越南胡志明市客屬崇正會館，參加2015年於新竹縣舉辦世界客屬第28屆懇親大會，編輯會館理事的小冊子。

17　參考鄭懷生，2001，〈越南崇正會館概況〉。《客家人》第1-2期合刊（總第33-34期），頁60-61。

東寶爲大宗，其他尚有揭西、紫金、五華等少數的客家人，胡志明市的客家人與越南京族雜處；南方鄉鎮的客家人則主要與少數民族混居。

5. 胡志明市崇正總會是由多個客家屬縣組織推派代表所組成，但組成成員一般以大埔、興寧及惠東寶籍爲優勢。

胡志明市崇正總會的運作經費主要靠會費（團體會員每個月繳交20到30萬盾的月捐），加上辦理活動時向客家商家如尤凱成（日用品製作）等募捐，以及透過管理的廟宇之香油收入支應。由於胡志明市的華人向來以廣府人居多，廣府話可以說幾乎是胡志明市華人之間的共同語言。因此，我們觀察到崇正總會成員的互動、開會以及辦理活動時的交流，幾乎都以廣府話爲主，分別佔了70%、80%和90%；其餘會使用的語言則有：開會時使用華語（20%）、辦活動和會員互動時使用越語（分別佔了10%和30%）。換句話說，客語在越南是完全隱形的語言，人們反而是使用廣府話、越語和華語交互進行溝通交流，這是作爲少數中的少數的客家人必須面對的現實。

在1989年後，越南政府雖然已經歸還在南北統一時沒收的社團及其部分財產，大部分的會館也都因此復組，但是因爲過去與共產黨的社會主義政策的互動歷史，以及中越歷史的複雜性，越南共產黨和國家機構對待境內華人都保持戒慎的態度，並對華人社團的活動有所規範。

崇正總會舉辦各種活動（例如理事們出國參加客家懇親大會），它必須向胡志明市公安部門說明和報備。不過，由於胡志明市崇正總會的規模不大，加上越南國內政治的特殊性，有很多的活動都必須配合政府或黨的指示，以致它所舉辦的活動，基本

上都是以內部會員或胡志明市的其他華人社團為對象，而從未舉辦對外的活動。

胡志明市崇正總會因為對外是代表胡志明市的客家組織，也是與其他華人幫群（如穗城、福建、潮州和海南會館等）互動的主要客家組織，所以和其他東南亞客家社團組織一樣，會有其他國家組織來訪，譬如臺灣的客家委員會、世界客屬總會，以及中國的僑聯和一些地方政府單位等等。

（二）柬埔寨客家社團組織

學者過去對柬埔寨華人經濟的研究相當缺乏，對於華人群中是否有職業上的「幫群」的組織，或是在特定行業的分布並不清楚。然而，客家移民與柬埔寨社會的關係，遠比我們印象中的要來得深遠。柬埔寨的客家人約佔總人口的1%，而且目前在柬埔寨的幾個重要省份，都有客家人是從臺灣前往經商或務農。

法國殖民柬埔寨時期（1864-1953），是華人人口成長相當快速的時期。為解決開闢橡膠與種植胡椒勞動力不足的問題，法國殖民當局歡迎華人移居柬埔寨，因此在1890年，華僑總人數已達13萬（王士祿 2002：49），加上當時中國正處於內戰混亂時期，經濟蕭條動盪不安，促使更多閩、粵和海南島人士紛紛移往柬埔寨（黎莊 1958：12）。

法國殖民時期，政府將柬埔寨華人分為廣東、福建、潮州、海南與客家五個「幫」群，並委任不同的「幫長」來協助管理。幫長權限包括控制移民出入境、發給商業執照以及城市間人民的來往。因此，每一個方言群都是一個組織完善的社會單位，是擁有商業聯繫、婚姻安排、志願團體以及與法國政府商議等功能的

組織（潘翎 1998：146）。Willmott（1970）在研究高棉金邊華人社區的政治結構時，也特別提及，柬埔寨華人與其他東南亞地區華人社區最大的差異，就在於有「幫會制度」。而1953年，柬埔寨脫離法國獨立後，是華人社會的繁榮時期。此時，「幫長」制度與五幫公所已瓦解，取而代之的是大批的華人團體，包括血緣與地緣組織，以及體育與文化團體。

當時柬埔寨全國大小商號約兩萬家，百分之七十以上爲華人所經營，其中以零售業佔多數。商業以外，華人亦創立小型工業，主要以製白糖、織造、膠鞋、製皮、洋燭、肥皂、陶瓷、粉絲與汽水等爲主，也經營漁業、種植胡椒、創製海鹽等，對當地經濟之發展相當有貢獻（華僑志編撰委員會 1960：31-32）。總的來說，在經濟領域中，城市裡的華人壟斷了零售業、餐館業與旅館業、出入口商（包括米業）、食品加工、飲料、印刷與機械的輕工業（潘翎 1998：146）。

根據2018年訪談資料，柬埔寨現有兩個客屬會館：1. 柬埔寨臺灣客家聯誼會、2. 柬埔寨客屬會館。柬埔寨臺灣客家聯誼會爲「新臺客」組織，柬埔寨客屬會館則屬於「老華客」性質的社團。

柬埔寨臺灣客家聯誼會成立於2015年3月8日，其會員人數84人（非客家之名額有8人，但需要具臺商會會員身分）。會費一年100美金；榮譽會長一年2,000美金；顧問一年則是500美金。會內主要活動是每月的理監事會和兩年一次的尾牙餐會。社團召開正式會議時，80% 會使用客語交談。而聯誼會的刊物只有成立大會時發行的會刊，主要的會務內容是1. 聯誼、2. 協助客家人行銷商品。聯誼會與臺灣相關社團間有相關的聯繫與互動，

主要是透過天穿日（客家日）、中秋節、端午節一起舉辦活動。另外，也有以參與亞洲臺灣客家聯合總會客家懇親大會的活動爲主的跨國活動。

　　現在的柬埔寨客屬會館則是成立於1993年8月20日，是由柬埔寨客家後裔於柬埔寨戰爭後再次成立的。柬埔寨王國政府副總理宋安閣下是柬埔寨客屬會館的最高名譽會長。當柬埔寨客屬會館再次運作的同時，會館屬下的崇正學校也正式復課。屬下機構除了柬埔寨崇正（客屬）學校外，還包括柬埔寨天后宮、柬埔寨客屬會館崇正醒獅團。

　　然而，根據柬埔寨臺灣客家聯誼會的質化訪談資料顯示，柬埔寨臺灣客家聯誼會與柬埔寨客屬會館的交流不多。除了柬埔寨臺灣客家聯誼會無法協助客屬會館取得相關資源外，客家委員會的海外社團資料中，並沒有柬埔寨客屬會館的相關紀錄（存在），因此，客家委員會辦理全球客家懇親大會，柬埔寨客屬會館並沒有被列名邀請。

　　相反的，與柬埔寨臺灣客家聯誼會比較有互動的是柬埔寨的客家庄：雲晒村，[18] 約500戶人家。柬埔寨臺灣客家聯誼會自2012年開始和雲晒村持續往來與聯繫。該村有成立柬華理事會（會長是雲晒村村長的兒子）[19]，柬埔寨臺灣客家聯誼會曾贈送資源（40張課桌、80張椅子）給該理事會。另外，聯誼會並不與當地政治人物聯繫，商業交往亦屬於個人的來往，但會協助當

18　雲晒村位於柬埔寨東北邊陲地區的那達拉基里省，北臨寮國，東臨越南，該村居民皆爲客家人。
19　柬埔寨拉達那基里柬華理事會會長張育成。

地華人商業交流。國家交流方面，則多是透過亞洲臺灣客家聯誼
會成員，與越南、新加坡、泰國、香港等聯繫較頻繁。

　　越南與柬埔寨的客家人都是華人中的少數。從區域性客家社
團組織網絡來看，越南胡志明市客家社團組織基本上是以崇正總
會馬首是瞻，它統合了所有在胡志明市各個以地緣為結合基礎的
客家福利組織，在對外的聯繫上也是以崇正總會為代表，頗類似
於新加坡南洋客屬總會的角色地位。因此，越南胡志明市的客家
組織具有階層化社會網絡之特色。柬埔寨的客家社團組織基本上
則維持著比較寬鬆的對等社會網絡關係：老華客的客屬社團與新
臺客的組織之間相互沒有什麼互動。

六、汶萊

　　汶萊為君主專制國家，1984年獲得獨立。汶萊的蘇丹，沿
襲自14世紀以來世襲的王朝，是國家和政府的領袖和軍隊司
令。蘇丹以國家元首身分兼任文萊首相。全部立法會立法議員由
蘇丹任命，沒有民選立法機關，社團組織在汶萊發展不易，舉辦
活動或是開設課程都必須事先向政府申請。汶萊國內共分為四個
縣，馬來奕縣為汶萊面積最大的行政區，自從1927年在馬來奕
縣發現石油後，當時就有很多大埔客家人來此經商、開雜貨店、
打鐵業、五金業等，遷徙的路線是由中國廣東大埔到汶萊，再到
馬來西亞砂拉越美里，最後轉至汶萊馬來奕縣。由於汶萊無須繳
稅，臺灣華人自1979年陸陸續續來此經商。馬來奕跟詩里亞兩
個地區，加起來叫馬來奕縣，馬來奕縣是汶萊的四個縣之一，北
臨南中國海，西、南各與馬來西亞砂拉越州美里省及林夢省接

壞，縣城為馬來奕，石油生產基地詩里亞也位於馬來奕縣。

（一）汶萊客家社團組織

汶萊的華人社團簡稱華社，馬詩華人社團有14個，每年汶萊華社新春聯歡團拜，是華人最大的活動。14個經常聯繫的華人社團，包括汶萊馬來奕中華總商會、馬詩華人慈善會、馬詩華人長生會、馬來奕華人機器公會、詩里亞新村互助社、馬來奕五屬鄉團聯誼會（馬來奕海南公會、汶萊馬來奕福州會館、汶萊廣惠肇公會、汶萊大埔同鄉會，原本尚有汶萊客屬公會）、馬詩乒乓總會、馬詩籃球總會、汶萊留臺聯誼會馬來奕縣分會、汶中友好協會、汶萊武術協會。客家社團組織（詳見表5-35）則有汶萊大埔同鄉會、汶萊崇正客聯總會、汶萊臺灣客家公會、汶萊客家公會（申請註冊中）。

表5-35　汶萊客家社團組織基本資料表

會館名稱	成立年代
汶萊大埔同鄉會	1945 年
汶萊崇正客聯總會	1822 年
汶萊臺灣客家公會	1858 年
汶萊客家公會（申請註冊中）	2018 年
汶萊客屬公會（2008 年已撤銷）	1960 年

1.汶萊大埔同鄉會

汶萊大埔同鄉會原為美里大埔同鄉會分會，馬來西亞砂拉越美里大埔同鄉會於1945年成立，原本汶萊大埔同鄉都是前往美里參加該會活動。該會互助部在汶萊詩里亞和馬來奕設兩個分部，但因身分上的限制，汶萊公民或是永久居民不能註冊為美里

大埔同鄉會會員，遂於1975年籌備汶萊大埔同鄉會，1976年獲汶萊政府社團註冊局批准成立，成立至今已四十餘年，最早是以互助會形式經營，協助會員辦理喪葬後事。目前擁有200多的會員，每年舉辦新春聯誼會、清明春祭大典、會慶、敬老金發放等活動，特設學優獎勵金，2018年5月有新的會館落成。比較特別的是在汶萊還會參加回教齋戒月活動以及蘇丹生日慶典，由理事代表參加。對外與馬來奕五屬鄉團聯誼會（簡稱五屬）關係最常聯繫，包括馬來奕海南公會、汶萊馬來奕福州會館、汶萊廣惠肇公會、汶萊大埔同鄉，汶萊客屬公會（已取消公會註冊），其次是14個馬詩華人社團，包括汶萊馬來奕中華總商會、馬詩華人慈善會、馬詩華人長生會關係密切。海外社團則是以馬來西亞砂拉越美里大埔同鄉會、馬六甲茶陽會館為主。目前的發展困難以招收年輕會員參加為首要工作，正在積極尋求如何吸引年輕會員參與會務工作，雖然目前有青年團的設置，但事實上並沒有成員參加。

2.汶萊崇正客聯總會

前汶萊客屬公會因違反社團法令而在2008年11月3日被吊銷執照。汶萊客屬公會成員一分為二，首先由前任會長蔡仔運發起成立汶萊崇正客聯總會。汶萊崇正客聯總會會員目前有208人，成立時間為2010年12月27日，主要活動為新春團拜、清明春祭、中秋節、會慶等活動，並設學優獎勵金。每五年會舉辦大型會慶活動，每年中秋節會舉行例行會慶活動。汶萊崇正客聯總會會員有許多是河婆客家人，在汶萊參加社團組織經常不是以客家人為主要原因，而是以原鄉地區為主要考量因素，例如汶萊馬來奕福州會館、汶萊廣惠肇公會也都有客家人參加。汶萊崇正客

聯總會積極參與國際客家活動與國外客屬社團聯繫，例如參訪沙巴、沙勞越客家公會、檳州客家公會、美里石山客家公會、西馬野新客家公會、世界客屬懇親大會等。

3. 汶萊客家公會（申請註冊中）

汶萊客屬公會有五十多年的歷史，但因為近年行政組織不健全，連續三年未繳交財務報表給政府，以致被除籍。汶萊崇正客聯總會原本要接收原汶萊客屬公會之資產，但是多數原客屬公會會員不同意，認為汶萊崇正客聯總會是外來組織。目前有原客屬公會會員成立汶萊客家公會，現在正申請核准中。

4. 汶萊臺灣客家公會

汶萊臺灣客家公會未正式註冊，汶萊臺灣客家公會會長鍾昌華表示目前成員人數較少，尚未有正式活動，但私下經常在商務上聯繫。鍾昌華會長雖未具中華民國國籍，但年輕時有在逢甲大學參加海青班（逢甲大學海外青年技術訓練班），汶萊臺灣客家公會成員不多，未超過10人，以商會人士為基礎，會務還需要更積極發展。

（二）汶萊客家社團組織社會網絡分析

汶萊客家社團對外的社會網絡（參閱圖5-37），顯示汶萊客家會館外部社會網絡代表著與汶萊客家社團經常聯繫的個人、組織或是活動。

利用點度中心性以連結程度（Degree）來進行資料逐步精簡，但由於這些個人、組織、活動、地區等節點都是以會館為連結中心，因此不適合用向外度數（Out-degree），改以向內度數（In-degree），也就是從會館「接收」的連結數。依照向內度數

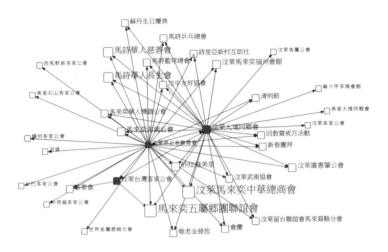

圖 5-37　汶萊客家社團組織外部社會網絡

表5-36　汶萊客家會館外部網絡點度中心性

網絡節點	級別	Out-degree	In-degree	NrmOutDeg	NrmInDeg
馬來奕五屬鄉團聯誼會	1	0	6	0.00	5.71
汶萊馬來奕中華總商會	1	0	6	0.00	5.71
馬詩華人慈善會	1	0	4	0.00	3.81
馬詩華人長生會	1	0	4	0.00	3.81
汶萊大埔同鄉會	2	37	3	35.24	2.86
砂拉越美里	2	0	3	0.00	2.86
汶萊馬來奕福州會館	2	0	3	0.00	2.86
汶萊廣惠肇公會	2	0	3	0.00	2.86
馬來奕海南公會	2	0	3	0.00	2.86
汶萊臺灣客家公會	3	3	2	2.86	1.90
回教齋戒月活動	3	0	2	0.00	1.90

馬詩籃球總會	3	0	2	0.00	1.90
馬詩乒乓總會	3	0	2	0.00	1.90
汶中友好協會	3	0	2	0.00	1.90
汶萊武術協會	3	0	2	0.00	1.90
汶萊留臺聯誼會馬來裔縣分會	3	0	2	0.00	1.90
詩里亞新村互助社	3	0	2	0.00	1.90
會慶	3	0	2	0.00	1.90
新春團拜	3	0	2	0.00	1.90
清明節	3	0	2	0.00	1.90
敬老金發放	3	0	2	0.00	1.90
客家委員會	3	0	2	0.00	1.90
馬來奕華人機器公會	3	0	2	0.00	1.90
蘇丹生日慶典	3	0	2	0.00	1.90
汶萊崇正客聯總會	4	37	1	35.24	0.95
美里大埔同鄉會	4	0	1	0.00	0.95
沙勞越客家公會	4	0	1	0.00	0.95
沙巴客家公會	4	0	1	0.00	0.95
河婆	4	0	1	0.00	0.95
檳州客家公會	4	0	1	0.00	0.95
西馬野新客家公會	4	0	1	0.00	0.95
美里石山客家公會	4	0	1	0.00	0.95
汶萊客屬公會	4	0	1	0.00	0.95
汶萊客家公會	4	0	1	0.00	0.95
世界客屬懇親大會	4	0	1	0.00	0.95
麻六甲茶陽會館	4	0	1	0.00	0.95

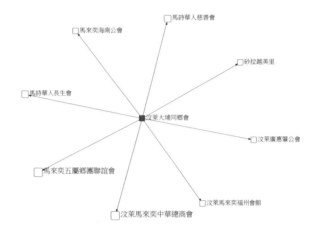

圖 5-38　以馬來奕五屬為連結的網絡圖

排序，將這些會館主動連結數量多的個人、組織、活動、地區等視爲重要的節點。

　　依照不同「向內度數」可以將汶萊客家社團組織外部社會網絡節點分爲三種層次，分別爲核心華社、馬來奕五屬、華人社團與活動爲主體的社會網絡。

1.以核心華社組織爲連結的社會網絡

　　汶萊馬來奕華社共有14個，經過外部節點「向內度數」分析後，發現外部社會網絡中，最核心的組織包括汶萊馬來奕中華總商會、馬詩華人慈善會、馬詩華人長生會以及馬來奕五屬鄉團聯誼會。這4個核心華社組織在汶萊客家社團社會網絡扮演著重要的節點角色，汶萊馬來奕中華總商會是汶萊華人社團之首，是華人社團經常聯繫的核心組織。由於客家社團組織經常協助會員處理喪葬事宜以及生活照顧，因此馬詩華人慈善會、馬詩華人長生會也是主要往來的核心組織。另外，由馬來奕海南公會、汶萊

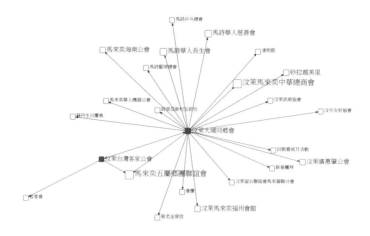

圖 5-39　以華人社團及活動為連結的網絡圖

馬來奕福州會館、汶萊廣惠肇公會、汶萊大埔同鄉會、汶萊客屬
公會組成的馬來奕五屬鄉團聯誼會則是客家社團傳遞資訊或是尋
求協助的重要單位。

2.以馬來奕五屬為連結的社會網絡

　　第二層次「向內度數」的外部節點以馬來奕五屬為主軸，包
括馬來奕海南公會、汶萊馬來奕福州會館、汶萊廣惠肇公會、汶
萊大埔同鄉會、汶萊客屬公會，請參閱圖5-38。其中馬來奕海南
公會是五屬中歷史最久遠的公會組織，其次為汶萊馬來奕福州會
館，汶萊客屬公會則因為行政問題目前處於撤銷註冊及財產凍結
階段，另外汶萊廣惠肇公會、汶萊大埔同鄉會也都是很活躍的組
織。

3.以華人社團及活動為連結的社會網絡

　　第三層次「向內度數」的外部節點以華人社團及活動為主軸
（請參閱圖5-39），包括14個華人社團，以及客家社團經常舉

辦的活動，包括：會慶、新春團拜、清明節、敬老金發放、蘇丹生日慶典，以及與臺灣客家委員會的聯繫。會慶每年都會舉辦，也會間隔五年或十年舉辦一次盛大的會慶。蘇丹生日慶典則由客家社團選派理事為代表，參觀皇宮以及相關盛會。清明節為春祭，汶萊的客家社團會在春祭結束後舉行盛大的晚宴。新春團拜則是在華人傳統的過年節慶發放敬老金以及學優獎學金。

（三）汶萊客家社團組織社會網絡類型

汶萊的客家社團組織共有4個：汶萊大埔同鄉會、汶萊崇正客聯總會、汶萊臺灣客家公會、汶萊客家公會（申請註冊中），4個客家社團之間並無正式團體會員關係，但彼此之間互相有聯繫，透過舉辦活動彼此相互來往，但無互相統屬的關係，呈現對等式社會網絡（Peer to Peer Social Network），屬於較鬆散的社會關係。

七、澳洲

華人移民澳洲的歷史可以追溯到1810年代，隨後因澳洲東海岸的新南威爾斯州（New South Wales）及維多利亞州（Victoria）陸續發現大量的金礦脈，掀起一陣淘金的移民熱潮，有新金山之稱的墨爾本（Melbourne）更吸引了大量的中國南方礦工前來。到1857年，全澳洲大約有四萬名中國礦工。然而，急遽攀升的華人移民人數對剛建立起來的白人自治政府形成很大的威脅，於是制定了許多限制中國人移民的法律。1888年，澳洲殖民地不再讓中國人移入，並在1901年開始實施白澳政策，這項

政策到1973年才被真正廢除。

在實施白澳政策的七十年間，澳洲的華人人口數雖已逐漸減少，但從1950年代開始，又逐步回升。根據1911年到1961年澳洲的人口普查統計資料，整理成表5-37。

表5-37　1911-1961年澳洲華人人口統計

年份	純血統			混血			總計		
	男性	女性	人數	男性	女性	人數	男性	女性	人數
1911	21,856	897	22,753	1,518	1,501	3,019	23,374	2,398	25,772
1921	13,004	895	13,899	1,402	1,288	2,690	14,406	2,183	16,589
1933	9,311	1,535	10,846	1,905	1,594	3,499	11,216	3,129	14,345
1947	6,596	2,550	9,145	1,599	1,351	2,950	8,195	3,900	12,095
1954	9,150	3,728	12,878	1,404	1,276	2,680	10,554	5,004	15,558
1961	14,237	6,145	20,382	1,648	1,538	3,186	15,885	7,683	23,568

資料來源：

1. Minister of State for Home Affairs, 1911 *Census of the Commonwealth of Australia*, Taken for the night between the 2nd and 3rd April 1911, Part VIII Non-European Race. Melbourne: Commonwealth Government Printer.

2. Minister of State for Home and Territories, 1921 *Census of the Commonwealth of Australia*, 4th April 1921. Melbourne: Commonwealth Government Printer.

3. Minister of State for Home and Territories, 1933 *Census of the Commonwealth of Australia*, 30th June 1933. Canberra: Commonwealth Government Printer.

4. Minister of State for Home and Territories, 1947 *Census of the Commonwealth of Australia*, 30th June 1947. Canberra: Commonwealth Government Printer.

5. Commonwealth Bureau of Census and Statistic, 1954 *Census of the Commonwealth of Australia*, 30th June 1954. Canberra: Commonwealth Government Printer.

6. Commonwealth Bureau of Census and Statistic, 1961 *Census of the Commonwealth of Australia*, 30th June 1961. Canberra: Commonwealth Government Printer.

7. Commonwealth Bureau of Census and Statistic, 1966 *Census of Population and Housing of Commonwealth of Australia*, 30th June 1966. Canberra: Commonwealth Government Printer.

至1971年爲止的人口統計資料中，非歐洲人的雙親之出生地，基本上以中國爲大宗。而在1976年的人口資料裡，第一次出現以Taiwan Province作爲出生地的記錄（男性240人、女性191人，總共有431人）。[20]

　　早期的華人移民大多是來自廣東省的廣府人和客家人，但從這些早期的人口統計資料並無法得知確切的數量，只知道在澳洲華人集中的城市，如雪梨（Sydney），人們多使用粵語作爲共通的語言。1970年代，香港及東南亞國家如新加坡、馬來西亞、印尼、越南和柬埔寨等地方的華人也開始移民澳洲，粵語仍是澳洲華人最重要也最主要的溝通語言。但在1980年代後，隨著中國的改革開放以及臺灣的解嚴，越來越多中國和臺灣的移民湧入澳洲。特別是1970年代之後，來自臺灣的移民在雪梨和墨爾本等東岸城市形成眾多的臺裔社區，於是華語逐漸取代粵語成爲澳洲華人的溝通語言。[21]

　　1970年代後移民澳洲的臺灣人，被學者稱爲是第二波的華人移民（第一波是在19世紀因淘金熱而湧入的中國移民），而這一波華人移民是因澳洲經濟轉型（從製造業轉向服務業與知識

20　在這年的統計資料中，有關人口的族群項目分類只有：European、Aboriginal、Torres Strait Islands、Other以及Not stated。請參考 Australian Bureau of Statistics, 1976 *Census of Population and Housing*, 30th June 1976. Canberra: Commonwealth Government Printer.

21　參考並整理自「澳大利亞華人」，於維基百科，https://zh.wikipedia.org/wiki/%E6%BE%B3%E5%A4%A7%E5%88%A9%E4%BA%9A%E5%8D%8E%E4%BA%BA；以及「臺灣裔澳大利亞人」於維基百科，https://zh.wikipedia.org/wiki/%E5%8F%B0%E6%B9%BE%E8%A3%94%E6%BE%B3%E5%A4%A7%E5%88%A9%E4%BA%9A%E4%BA%BA（取用日期：2018/8/26）。

經濟）所導致。

因爲經濟轉型需要大量的技術移民以及專業人才，於是在1980年代，澳洲政府開放商業投資移民，試圖招募香港、臺灣以及新加坡等國華人企業家，爲澳洲創造更多的就業機會。另一方面，英國殖民政府於1983年確定在1997年將香港歸還中國，引起香港人對不確定的未來感到恐慌，認爲能夠持有外國公民證件對自己及家人才有保障，因此紛紛向外移民；而臺灣在這段時期，則是從戒嚴逐漸走向開放，政府對人民自由移動的各種限制開始鬆綁，人民爲了替家人尋找更好的生活方式，爲下一代的教育和就業機會打下基礎，同時擔心海峽兩岸政治的未來，因此也大量向外移民（Ip 2001；Khowaja et. al 2016），這些移民者大多出身自其母國的中產階級。

除了在1970年代可能有少許的臺灣人移民到澳洲，臺灣人移民澳洲的高峰期爲1990-1991年以及2000-2001年兩個時期。與第一波中國勞動移民不同的是，臺灣移民夾帶可觀的經濟資本或專業技能，所以在居住區域的選擇上更具彈性。過去的華人勞動移民或是經濟資本比較薄弱的越南難民，大多會聚族而居，因而形成唐人街或小越南。來自臺灣的中產階級則是散布在城市的郊區，形成自己的聚落。

1990年代前，臺灣移民大多集中在雪梨，但到了1990年代末，布里斯本（Brisbane）則是臺灣移民最多的城市。他們大多居住在布里斯本的南部區域，屬於臺灣人的商業區、教堂、佛堂等在此區應有盡有，並形成一個關係緊密的社群。隨著中國移民大量湧入澳洲，這個曾經是臺灣人爲主的區域（Sunnybank以及Sunnybank Hill）已爲中國資本所取代，許多過去由香港及臺灣

移民所開設的店面都已經轉手予中國移民經營。但從澳洲各地區的人口數來看，臺灣移民仍以在布里斯本的人數最多。

　　根據澳洲政府2011年的人口統計，全澳洲的臺灣人有28,628人。其中布里斯本所在的昆士蘭州（Queensland）最多，有10,893人，佔該州總人口數38.1%；新南威爾斯州有8,681人，佔該州總人口數30.3%；維多利亞州有5,686人，佔該州總人口數19.9%；西澳（Western Australia）有1,721人，佔該區總人口數6%；而南澳（South Australia）有933人，佔該區總人口數3.3%；澳洲首都領地（Australian Capital Territory）有360人，佔該區總人口數1.3%；北領地（Northern Territory）有233人，佔該區總人口數0.8%；塔斯馬尼亞（Tasmania）則有121人，佔了該區總人口數的0.4%。有趣的是，在政府統計調查中，這些臺灣移民有高達72.8%自認為是中國人（Chinese），只有22.7%的人自認為是臺灣人（Taiwanese）。在家庭語言的使用上，有87.1%的人使用華語，5.5%的人使用英語，閩南語佔3.1%，廣府話有1.7%，其他則為2.6%（Department of Immigration and Citizenship 2011）。[22]

　　依據2016年最新的人口統計資料，新南威爾斯州的客家人口數（在家庭裡使用的主要語言為客語者）及其出生地別如表5-38所示。[23]

22　根據2016年的人口普查，出生地為臺灣的人口數已經上升到46,882人。參考 Wikipedia, "Taiwanese Australian", in https://en.wikipedia.org/wiki/Taiwanese_Australians（取用日期：2018/8/26）。

23　此資料來自 Australian Bureau of Statistics, *Census of Population and Housing, 2011 & 2016*. Compiled and Presented by .id, the population expert.

表5-38　新南威爾斯州說客家語的人口數及其出生地別

出生地	2016			2011			變化
	人數	客家 %	佔 NSW 總人口 %	人數	客家 %	佔 NSW 總人口 %	2011 到 2016
東帝汶	631	37.8	0.0	639	37.4	0.0	-8
澳洲	397	23.8	65.5	438	25.7	68.6	-41
馬來西亞	259	15.5	0.4	267	15.6	0.4	-8
印尼	99	5.9	0.4	56	3.3	0.4	+43
印度	73	4.4	1.9	80	4.7	1.4	-7
中國（除香港和臺灣）	70	4.2	3.1	57	3.3	2.3	+13
柬埔寨	30	1.8	0.2	35	2.1	0.2	-5
越南	15	0.9	1.1	11	0.6	1.0	+4
汶萊	14	0.8	0.0	14	0.8	0.0	0
孟加拉	13	0.8	0.3	6	0.4	0.2	+7
新加坡	12	0.7	0.2	11	0.6	0.2	+1
寮國	11	0.7	0.1	7	0.4	0.1	+4
總計	1624			1621			

　　上表雖然只是澳洲其中一個州屬的統計資料，但從這項資料瞭解到，在澳洲的客家人，[24] 即便進行出生國別的調查，也會將

24　這裡使用狹義的客家定義，也就是以在家庭說客家話者爲主。根據一些說法，2006年在全澳洲有7,960個華人在家裡主要使用客語溝通。參考 Y. S. YOW, "Western Australian local council politics and the Hakka community". In http://www.hakkawa.com/western-australian-local-council-politics-and-the-hakka-community-2/（取用日期：2018/8/26）。

臺灣加以排除，因此無法知道有多少的客家移民來自臺灣。再者，澳洲客家移民很多是來自各國的二次或三次移民，包括東帝汶、澳洲本土、馬來西亞、印尼、印度和中國。當然，每個州屬的移民國別有頗大的差異，譬如上表的新南威爾斯州是以東帝汶為最大宗的來源國，而西澳則因為地理位置接近東南亞國家，因此有大量馬來西亞、印尼、新加坡和汶萊華人遷居至此，換句話說，西澳的客家人是以這些國家的客家二次移民為主，其中當然不乏澳洲本土出生以及來自模里西斯、臺灣和中國的客家人。[25]

（一）澳洲客家社團社會網絡內部分析

依據資源依賴理論，澳洲客家社團之間經常是互相支持且互相影響，所以可能相互學習其他社團的行為，也顯示彼此間擁有緊密的網絡關係。資源依賴理論的前提是組織依賴資源，舉凡社團經營需要的人力、物力、財力都可以稱作所需資源，例如社團土地、會員、董事會、大樓、舉辦活動經驗、政商人脈等，但組織無法產生自身所需的所有資源，因此，組織必須在它所處的環境中去獲取，進而與其他組織產生依賴關係。

為了進一步理解客家社團的組織行為，就必須研究客家社團之間的關係，例如從澳洲的客家社團或同鄉會主動與其他社團交流的情形進行觀察。亦即，社會網絡觀點考察、分析澳洲客家社團之間的關係，進而瞭解這些客家團體之間是相互依賴，而不是

---

25 參考並整理自 Y. S. YOW, "Western Australian local council politics and the Hakka community". In http://www.hakkawa.com/western-australian-local-council-politics-and-the-hakka-community-2/（取用日期：2018/8/26）。

各自獨立。

　　社會網絡內部分析是將客家社團之間的關係視為分析單位，把社團之間的關係模式看成結構，以分析客家社團彼此之間的關係。不僅僅只是根據社團的內在屬性對各個單位進行分類，更可以深入地分析社會現象的關係本質，探討各個社團之間的關係模式如何影響網絡成員的關係（劉軍 2004：18）。由於紐西蘭與澳洲關係密切，本研究將所訪問的8個澳洲客家社團與一個紐西蘭客家社團視為相互連結的內部網絡，並蒐集以下相關問題的資訊，「在舉辦相關活動時，曾經和哪些社團合作？」、「會與哪些社團分享活動資訊或出版訊息？」、「在舉辦相關活動時會去邀請哪些社團參加？」、「在推展會務或是會務運作時，如果遇到困難會去找哪些社團尋求建議或協助？」等問題，進行社會網絡分析。

　　本研究共訪談了7個澳洲客家社團，並透過電郵調查1個西澳客家公會，以及2個紐西蘭的客家同鄉會，製作成澳紐客家社團社會網絡連結矩陣（參閱表5-39）。

1.中心性分析

　　將澳紐客家社團社會網絡進行「點度中心性」分析，藉以瞭解哪些客家社團是澳紐客家會館社會網絡中的重要組織。分析結果請參閱表5-40，澳洲與紐西蘭客家社團的同質性高，可以區分的類別不多，換句話說，澳洲與紐西蘭的客家社團之社會網絡屬於異質性較低的網絡連結。

　　在上述分析基礎上，進一步將連結點度區分為對外發送點度（Out-degree）以及向內度數（In-degree）。向外度數可觀察客家社團之間訊息的發送，表示社團主動「發送」訊息給其他會

表5-39 澳洲與紐西蘭客家社團之社會網絡連結矩陣

	墨爾本客家聯誼會	昆士蘭客家會	大洋洲客屬總會	澳洲帝汶留臺同學會	澳洲維省客屬崇正會	雪梨客家聯誼會	澳洲紐省客屬聯誼會	西澳客家公會	紐西蘭客家同鄉會
墨爾本客家聯誼會	0	1	3	8	0	1	0	0	0
昆士蘭客家會	6	0	5	2	0	0	0	4	0
大洋洲客屬總會	6	6	0	2	0	1	0	7	1
澳洲帝汶留臺同學會	6	0	0	0	0	0	0	0	0
澳洲維省客屬崇正會	0	0	0	0	0	0	0	0	0
雪梨客家聯誼會	6	1	3	2	0	0	1	0	0
澳洲紐省客屬聯誼會	0	0	0	0	0	1	0	0	0
西澳客家公會	6	1	3	2	0	0	0	0	0
紐西蘭客家同鄉會	6	1	3	2	0	0	0	0	0

表5-40 點度中心性分析

	Degree	NrmDegree	Share
Mean	16.444	25.694	0.111
Std Dev	11.246	17.572	0.076
Sum	148.000	231.250	1.000
Variance	126.469	308.763	0.006
SSQ	3572.000	8720.703	0.163
MCSSQ	1138.222	2778.863	0.052
Euc Norm	59.766	93.385	0.404
Minimum	0.000	0.000	0.000
Maximum	38.000	59.375	0.257
N of Obs	9.000	9.000	9.000

Network Centralization=43.30%

Blau Heterogeneity=16.31%

Normalized (IQV) =5.85%

表5-41　發送與接收點度中心性分析

	Degree	NrmDegree	Share
墨爾本客家聯誼會	38	59.38	0.26
大洋洲客屬總會	27	42.19	0.18
昆士蘭客家會	20	31.25	0.14
西澳客家公會	19	29.69	0.13
澳洲帝汶留臺同學會	18	28.13	0.12
雪梨客家聯誼會	13	20.31	0.09
紐西蘭客家同鄉會	12	18.75	0.08
澳洲紐省客屬聯誼會	1	1.56	0.01
澳洲維省客屬崇正會	0	0.00	0.00

館、聯繫其他同鄉會或是向外尋求合作的連結。如果社團發送訊息的數量很多，顯示此社團能夠扮演「溝通者」或是「促進者」的角色，也代表該社團或同鄉會擁有較大的影響力。

向內度數則可觀察社團之間訊息的接收，表示從多少其他社團「接收」訊息或是接獲邀請的連結。如果一個社團從其他眾多社團或同鄉會接收訊息，顯示此社團具有聲望，其他社團為了獲得此社團的認可，因此傳送訊息給此社團，或是邀請此社團參加活動。

依照對外發送點度排序（參考表5-41），經常對外發送訊息、主動邀請合作或是提供服務的會館依序為墨爾本客家聯誼會、大洋洲客屬總會、昆士蘭客家會、西澳客家公會、澳洲帝汶留臺同學會、雪梨客家聯誼會、紐西蘭客家同鄉會、澳洲紐省客

屬聯誼會、澳洲維省客屬崇正會。其中，大洋洲客屬總會是墨爾本客家聯誼會、昆士蘭客家會、西澳客家公會、雪梨客家聯誼會與紐西蘭客家同鄉會的核心組織，也是在澳洲與紐西蘭的臺灣客家人與臺灣公部門及民間團體聯結的代表團體。

而依照向內度數中心性的計算結果，墨爾本客家聯誼會是接收訊息以及獲邀參加活動最多的社團，代表其他社團非常願意與墨爾本客家聯誼會進行交流或是尋求合作。另外，大洋洲客屬總會、昆士蘭客家會和西澳客家公會也是其他社團經常聯繫的對象。

2.次團體叢集分析

接著是利用相鄰或距離繪製網絡分布圖，以顯示不同客家社團彼此有多「接近」，更可看出這些客家社團是否在空間中形成「次團體」或「集群」。由圖5-40顯示大洋洲客屬總會居於網絡中心點，而昆士蘭客家會與墨爾本客家聯誼會距離則較為接近。

次團體叢集分析結果（如圖5-41）顯示，第一組關係緊密的次團體組合為大洋洲客屬總會、昆士蘭客家會和西澳客家公會，顯示平常各項活動以及彼此的資源交流密切。第二組次團體則加上墨爾本客家聯誼會以及澳洲帝汶留臺同學會。第三組次團體再加上雪梨客家聯誼會與紐西蘭客家同鄉會。與其他社團的關係則較為疏遠。最後一組次團體則是澳洲紐省客屬聯誼會、澳洲維省客屬崇正會。

（二）澳洲客家社團社會網絡外部分析

澳洲與紐西蘭客家社團社會網絡外部分析是以與客家社團廣

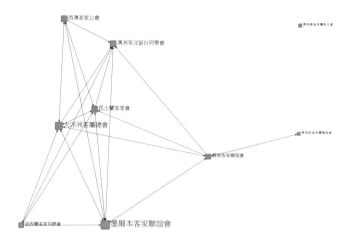

圖 5-40　澳洲與紐西蘭客家社團網絡圖

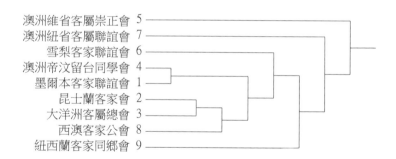

圖 5-41　澳洲與紐西蘭客家社團次團體叢集分析

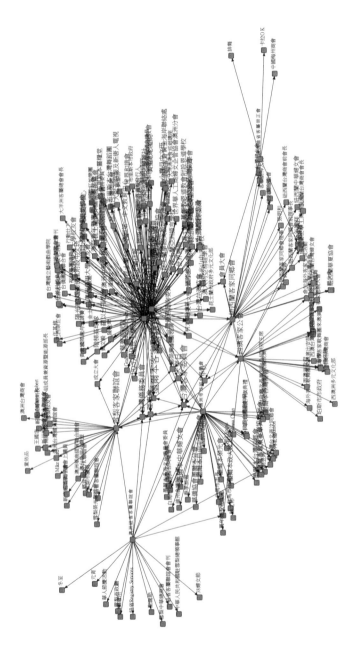

圖 5-42 澳洲與紐西蘭客家社團外部社會網絡

泛連結的人、事、地、物為主體，包括個人、組織、活動、地區等進行網絡分析。

臺灣中央級的客家委員會成立之後，澳洲與紐西蘭的客家社團便經常舉辦文化活動。澳洲客家社團，在外部聯繫方面，主要是以客家委員會為主，而內部則是大洋洲客屬總會為中心，澳洲各地的屬會就多是因總會的鼓勵而產生的。新臺客在澳洲的客家社團，其所舉辦的社群活動基本上是封閉式，很少對外開放，與在地老華客的客家社團也沒有太多的往來。紐西蘭的客家同鄉會，基本上是在大洋洲客屬總會架構下的屬會，主要是配合總會進行活動，自己主辦的活動非常少。

關於客家社團的政商關係與全球化連結，根據訪談資料，繪製出以本文訪談之客家社團為核心的社會網絡圖（參閱圖5-42）。圖中所呈現的社會網絡線條，代表著澳洲與紐西蘭客家會館和社團對外經常聯繫的個人、組織或是活動。

（三）多角度的觀察

如文獻上所提到的，雖然臺灣移民都集中在布里斯本南區，但他們在此區的分布非常分散。除非是在澳洲出生長大的臺灣移民後裔，否則第一代的移民基本上與澳洲主流社會之間沒有什麼交流，他們也不會加入當地的社團組織，他們主要是和臺灣人或是臺灣人為主的社團組織往來。在政治上，有些個別的臺灣移民後裔會出來競選州議員或市議員，但並沒有臺灣人集體成為某個政黨黨員的現象，這可能跟臺灣移民多以商業投資移民有關。不過，目前在澳洲自由黨內有許多的臺灣移民後裔，但有更多是中國移民。

從組織的會員人數和辦理的活動來看，墨爾本的臺灣客家移民顯得更爲稀少。目前，墨爾本客家聯誼會由江秀琴女士擔任會長，秘書是康筱釧女士。有趣的是，康筱釧爲東帝汶的客家人，她曾經在臺灣受三專教育。後來，由於東帝汶於 1975 年爲印尼佔領，她就到澳洲尋求政治庇護，最後在澳洲落腳。

除了澳洲帝汶留臺同學會，在墨爾本有一個老華客爲主的組織——維省客屬崇正會，這個組織目前由一名馬來西亞客家移民的第二代掌權，然而他的班底的年齡看起來都比他來得長，顯示該組織面臨青黃不接的困局。這個社團的成員是由來自各個不同國家的客家人組成，包括中國、越南、馬來西亞和東帝汶，它過去與墨爾本客家聯誼會之間沒什麼交流。

另一個臺灣客家人成立的組織——雪梨客家聯誼會，是由大洋洲客屬總會的伍會長強力推動，在 2017 年才成立的一個新團體。這個新團體本身尙未建立制度化的組織，都是經由會長葉義深先生出錢出力，將一些人集合起來舉辦活動。雪梨客家聯誼會基本上是靠葉義深會長的資助而運作，整個組織的人數不多（號稱有 200 人）。有趣的是，積極參與這個團體的成員，除了來自臺灣的客家移民外，還涵蓋了非客家（但對客家事務有興趣）的其他臺灣移民。葉會長感嘆這裡的臺灣客家人都很隱形。

另外，由於雪梨的商業非常蓬勃，因此，這裡商會（譬如臺灣商會）的組織動員力遠比其他的社團組織來得強大。我們也可以在雪梨客家聯誼會看到類似這種商會的影子，他們透過與商會的關係而連結起來。除了商會外，雪梨唐人街目前仍存在國民黨的海外支部，這個組織目前是整合老華僑與臺僑的重要機構。

老華客組成的紐省客屬聯誼會（成員來自各國的客家人）和

東南亞的老華客組織類似，有自己的會所，與臺灣較無來往。該會的活動主要是為會員而舉辦，因此可以說是一個半封閉性的組織。

　　整體來看，澳洲除了新臺客和老華客外，尚有從中國大陸來的新陸客、從東汶萊移入的客家人以及從東南亞移入的老華客二代。當中在布里斯本的新臺客自成一個團體，而墨爾本則是新臺客與東帝汶的客家人相結合，中國大陸來的新陸客則和從東南亞移入的老華客二代組成一個團體。在雪梨又是另一番景象，即新臺客與老華客有相互往來，但是關係並不深。從社會網絡關係來看，澳洲的客家社團模式，有階層式社會網絡，以大洋洲客屬總會為例，它是一個上層社團，而昆士蘭客家會、墨爾本客家聯誼會、雪梨客家聯誼會、西澳客家公會和紐西蘭客家同鄉會隸屬於總會。該會的成員主要是以臺灣客家移民為主，主要功能是聯誼和辦活動。而澳洲紐省客屬聯誼會和澳洲維省客屬崇正會與大洋洲客屬總會屬平行單位，在社會網絡關係方面與其他社團相當疏離。

八、結語

　　若以八個國家的客家社團社會網絡中心性分析來比較（詳閱表5-42），整體而言，不同地區客家會館之間的凝聚力高低以泰國南部的凝聚力最高，表示這些會館經常聯繫，也會彼此合作。異質性程度則是以印尼的客家會館之間差異性較大，代表客家會館的功能或是特性有比較大的不同。但總體而言，不同地區客家會館的異質指數都低於10%，也就是說客家會館之間差異性雖然

有高有低，但皆屬於異質性較低的社會網絡，會館與會館之間的差異性並不顯著。這明顯反映東南亞客家社團組織間的網絡是同大於異。

表5-42　整體中心性異質分析表

會館所在地區	網絡中心性	異質性程度	異質指數
泰南	50.00%	19.22%	3.06%
澳洲紐西蘭	43.30%	16.31%	5.85%
泰國曼谷	37.14%	12.83%	0.37%
新加坡	33.57%	14.49%	3.80%
印尼	33.30%	25.85%	1.13%
檳城	26.25%	17.36%	0.83%
沙巴	25.60%	16.69%	6.27%
柔佛	17.50%	18.17%	1.80%
馬六甲	14.29%	25.08%	0.11%
砂拉越	2.38%	20.38%	0.01%
雪隆	0.00%	20.00%	0.00%

第6章　東南亞客家社團區域化的新方向

蕭新煌、張翰璧、張維安

　　為了完整瞭解東南亞各國包含新加坡、馬來西亞、印尼、泰國、越南與柬埔寨、汶萊、澳洲等客家會館（社團）網絡的發展脈絡及趨勢，[1] 本研究採用「社會網絡分析」的方法，從橫斷面研究（Cross Sectional Study）的角度來檢視客家會館網絡的發展情形。首先本研究設計一份質化的社會網絡的問卷，收集紀錄各社團與網絡活動相關資訊，藉以瞭解各國客家社團之間的社會網絡關係。然後，運用社會網絡分析軟體（UCINET），分析各國／跨區／跨國客家社團網絡的整體關係，並釐清組織間網絡關係的疏近現象，及其社會網絡的連結方式。茲將研究發現整理如下。

一、東南亞客家社團特質

　　根據本研究的田野考察，我們發現不同的移民時間，甚至移

1　嚴格意義來說客家會館是客家社團的一種類型，後者是當代對於廣泛客家組織之稱呼，例如同鄉會、聯誼會、客商等。在沒有特別指稱的對象時，在許多地方本文將客家會館和客家社團交互使用。

民者前一個故鄉的差異，會影響到其所有組織的客家社團特質。例如，老華客團體（老華客社團成員多是19世紀從華南移出之客家人），其組織比較分散，中心性比較弱。社團名稱多屬於以祖籍地命名，或是以「客家／客屬」命名。以「客家／客屬」為名的會館，雖然多是由其他客家會館的成員所組成，但大多無法形成明顯的體系，成為所有客家會館（社團）的共主。

新臺客組織（其成員主要為近期從臺灣移出的客家人），其團體名稱大多數具有「臺灣客家」的符號，並且不以「會館」稱謂來命名，而是採用「聯誼會」或「同鄉會」的名稱。基本上的成員，除了從臺灣「移民出去」的客家人外，在東南亞的新臺客組織成員多為臺商。有些團體也有曾經來臺灣留學的「客籍留臺生」加入。

根據觀察，老華客會館的成員，年齡普遍偏高，大多有面臨組織老化的問題。相反的，新臺客的成員雖少，但是普遍較年輕，組織較活躍。不過，不論是老華客的會館或是新臺客的聯誼會，都表明秉持「政治中立」的立場，盡量不談政治，只談鄉情。因此，這些組織與在地社會的政治人物或是政治組織的網絡關係都不強，有些甚至沒有任何的關係。

以區域而言，新馬地區的會館組織發展多元且數量多，印尼的會館活動則有逐漸恢復的趨勢。半島東南亞則以泰國的會館網絡較完整，越南、柬埔寨的客家組織則趨於沒落。以下是各國客家社團特質的分析。

（一）新加坡

在客家會館內部社團網絡分析上，新加坡國內客家會館之間

的差異不大，會館同質性也高，屬於異質性較低的網絡連結。南洋客屬總會不僅是新加坡客家會館的核心組織，同時也對外代表其他客家會館組織。除了總會之外，應和會館、茶陽（大埔）會館都是較積極向外聯繫及合作的會館。而南洋客屬總會、茶陽（大埔）會館則是接收訊息以及獲邀參加活動最多的會館，代表其他會館非常願意與其進行交流或是尋求合作，也代表一般社會對南洋客屬總會、茶陽（大埔）會館的認同。

在客家會館的外部社會網絡方面，新加坡客家會館外部社會網絡可分為四種層次，分別為核心組織、藝文活動、信仰傳統與節慶原鄉為主體的社會網絡。最核心的組織包括南洋客屬總會、茶陽（大埔）會館、應和會館、豐永大公會，這些組織在新加坡客家會館的社會網絡中具有重要「節點」的角色。客家會館經常聯繫這些核心組織，藉以傳遞資訊或是尋求協助。新加坡客家會館普遍關心客家文化傳承，特別值得注意的是藝文活動、客家美食節等，在會館間的互動交流上具有其重要性，其中臺灣在客家文學創作以及藝文發展上一向扮演重要角色。邀請臺灣的客家文學作家、客家歌手、客家美食廚師來新加坡成為推動客家文化活動重要項目之一。

此外，慎終追遠的義山（墳山）組織也是新加坡客家會館的重要功能，每年舉辦慈善宴會，邀請不同社群和不同籍貫的老人參與。原鄉的聯繫與影響力則較為減少，雖然仍有冬令營、夏令營與中國原鄉進行文化交流，但新加坡青年返回長輩原鄉參與活動的情況似乎並不熱絡。

近年來，在全球化環境下的新加坡客家會館發展已經有了巨大改變，除了傳統核心團體組織仍具影響力之外，以藝文活動為

連結的社會網絡更顯重要，宗教信仰以及傳統文化還是其根基，但與中國原鄉的關係也日漸式微，開創屬於新加坡特有的現代客家文化傳承方式則逐漸明顯。

（二）馬來西亞

　　馬來西亞客家社團組織並沒有一個統籌所有客家網絡體系的單位，客家社團呈現出的是多元體系的情況，可以用「五大兩小」來形容這些體系。其中規模比較大的五個客家體系為：客家、大埔（茶陽）、嘉應、惠州以及河婆，兩小則是指增龍和龍川。各個體系維持相互獨立自主的狀態，且每個體系也都以階層化結構結合起來，因此，與馬來西亞客家社團組織的交流，可以從客家體系的核心組織來進行。此處所謂的核心組織，是指全國等級的總會／聯合會；但也必須留意的是中國的官方與半官方組織事實上已經在這部分下了很大的功夫，因此，臺灣要與這些核心組織進行交流，需要更多互相的理解才有可能。

　　理論上來說，冠有「客家」或「客屬」的組織，基本上是由在地客家體系的社團組織成員們所組成，但實際上，一些以「客家」為名的組織並不能取代其他體系的客家社團，成為共主。在一些地區，譬如馬六甲和檳城，當地的「客家」公會因跟地方結合密切而有了不同於其他客家社團組織的活動，這些活動主要以文物館的方式來呈現。揆諸中國政府組織對馬來西亞客家會館的交流，一方面是以傳統的鄉情聯誼交流為主；另一方面則是以強調中國客家原鄉傳統文化為主，基本上都是以傳統文化或情感為出發點，這些是臺灣社團所無法企及的，因為臺灣並不是這些老華客的原鄉，這是很真實的現象。然而，臺灣能夠提供的客家交

流，往往也是中國比較忽略的，例如以臺灣客家本身經驗爲基礎的在地文化建構與創新，教會與客家文化的互相發展經驗等。因此，可以透過強調創新以及以在地文化爲主體的方式，選擇性與一些比較重視在地文化的客家團體互動交流，應該是臺灣客家與馬來西亞客家社團交流的選項之一。

老華客的社團組織基本上大多有青黃不接的情形，這也是大部分受訪社團組織最在意的問題，而中國方面所舉辦的大拜拜式的懇親尋根活動，以及冬令與夏令營（基本上還是以傳統的活動爲依歸，因爲涉及到文化傳承的問題），對於中老年老華客而言是頗具吸引力，但似乎比較少獲得年輕客家子弟的注意。在結構上，囿於馬來西亞國家文化政策，華人社會必須在文化上自立自主，但在長期重商輕文的社會氛圍裡，只能大量挪用香港、中國及臺灣現成文化，成爲當地的一個有趣現象。在這樣的情況下，如果能夠在臺灣創發的客家文化基礎上來交流，可能會吸引當地客家年輕人的興趣，但必須留意的是應該避免形成文化霸權或文化殖民，宜多重視在地文化創新的可能性。從資料看起來，目前已經在馬來西亞客家社團之間形成，且明顯受到臺灣客家影響的活動是天穿日（客家日），這說明了一些客家文化的創新發明，由於這種 invention of tradition 本身，具有傳統做爲論述背景，還是可能受到老華客的青睞。

從田野得知大部分的客家社團組織與中國的交流，都僅止於社團的理監事，而那樣的交流除了官式拜訪、聯誼、招商外，甚少有深入客家社區交往。這裡所謂的深入交往，是指跟社團組織深交，譬如瞭解社團組織所需的協助，也許是社團資料的電腦化或整理社團的各種紀錄或文化詮釋等，透過瞭解在地的需要並提

供確切的協助，有機會提升我們跟客家社團組織的交流深度。

　　研究發現，與馬來西亞客家社團的交流，未來可能朝兩方面進行，首先是根據研究的基礎，對全馬客家社團進行一次盤點與研究，並制定未來交流的策略，讓客家委員會對馬來西亞客家社團有更加清楚的瞭解。制定長期經營的目標，如同客家知識計畫一般，讓學者與會內的專責單位合作，形成一個團隊來進行社團的交流與相互支援的工作。讓臺灣與馬來西亞客家社團有實質的文化交流，以互相提升客家文化的當代性與能見度。

（三）印尼

　　印尼與馬來西亞是客家人數最多的兩個國家，而新加坡則是東南亞華人社會的一個主要的樞紐。與這一地區的客家社團進行文化交流，必須將新、馬、印視為一大區域，一起發想。從社會網絡分析中，我們發現「印尼客屬聯誼總會」是接收訊息及獲邀參加活動最多的社團，代表有許多社團非常願意與印尼客屬聯誼總會進行交流或尋求合作，相當程度來說，就是雅加達的客家社團之重要領導社團。另外，印尼梅州會館和雅加達勿里洞同鄉聯誼會也是其他社團經常聯繫的對象。在雅加達地區，跟所有接受研究的客家社團關係最疏遠的是印尼大埔同鄉會。雅加達地區的印尼客屬會館對於客家委員會所辦活動，包括客家美食、客家歌謠都持正面態度，尤其是客家歌謠。當地會館舉辦客家青年大會，幾乎已經成為客家青年的網絡中心，客家委員會可以臺灣客家流行音樂為基礎，成立臉書或其他社會媒體的粉絲專頁，吸引印尼客家青年的加入。

　　印尼留臺生相當重要，可視為與臺灣聯繫的重要資源，建議

客家委員會盤點（客籍）留臺生的資料，成立「留臺生客家聯誼會」，以擴大客家網絡的連結；客家委員會應運用臺灣的軟實力，在夏令營、冬令營或「客家文化海青班」導入流行音樂、微電影、小說創作、網路電台設立等年輕化的課程，一方面吸引海外客家年輕人的參與，一方面可以提供部分的專業訓練，這對海外客家人而言相當有吸引力。持續且定期的訪問海外的客家社團或會館，可做為臺灣與這些社團一種建立良好關係的方式，蒐集海外客家社團的網址與資源，將臺灣打造成為「客家活動分享平台」，定期針對海外客家人物進行網路直播的訪談，讓海外客家人能多多吸收臺灣客家文化資訊。

（四）泰國

在曼谷客家社團方面，由於政府的關係，老華客基本上對外聯繫有所限制，而內部主要是跟其他方言群的社團定期的召開聯席會議。如果客家委員會欲進行聯繫交流，建議透過熱心的個人來與社團聯繫。強化與東南亞客家社團的關係，應該先瞭解他們的需求，投入資源和委派有經驗的專家學者，建立與當地客家社會的長期關係。泰國曼谷許多會館，例如客家會館、惠州會館、豐順會館等可以獨立出來進行會館內部的網絡研究。亞洲客家聯誼會的泰國分會，與其他會館組成一個兄弟會性質的關係，有定期聚餐聯誼，但是多屬於理監事們的互動，會員間的互動較少。彼此間也不像新馬的客家會館那樣定期舉辦新年、中秋等會員聯誼的活動，管理階層和會員們的關係並不緊密。

泰國南部宋卡及合艾地區客家會館，由於地理位置離曼谷較遠的關係，老華客基本上對外聯繫有所限制，而內部主要是跟當

地的客家社團及僑團，或是其他方言群的社團定期的召開聯席會議。基本上，泰國南部宋卡地區的客家會館與其中國原鄉的關係較為薄弱，在地會館對於臺灣客家文化的軟實力感到相當好奇。泰國南部的客家會館仍會舉辦中秋聯歡、華語歌唱比賽等，但客語式微，成員多以華語及泰語溝通，年輕一輩的後代連華語溝通都困難，更何況學習客語。泰國南部的客家聚落和馬來西亞的北部客家人具有緊密的網絡關係，建議後續可以進行研究，尤其有合艾、宋卡以及半山客聚集的半路店村落。

（五）越南

由於過去戰亂的影響，客家人口雖不多但十分複雜，客家的界定甚至包含許多少數民族，或Guest性質的「客家」人群；加上越南客家社團備受其政府或黨的指導或影響，因此，並不易於文化交流。在網絡關係上，因為政治結構的限制，越南客家社團對內主要是舉辦聯誼性，或是配合政府或黨的政策的各種活動，對外則是參與國外舉辦的懇親活動，臺灣只能透過諸如世界客屬總會等會館組織或是活動與之交流。雖然如此，胡志明市崇正總會推動的一些文化活動，或許是臺灣可以提供或協助的地方，譬如提供客語學習的讀本，但必須留意的是越南客家以四縣腔為主流，因此，在提供教材時也必須考慮當地客語的情況。

（六）柬埔寨

柬埔寨現僅有2個客家社團：柬埔寨臺灣客家聯誼會與柬埔寨客屬（崇正）會館，但彼此間交流不多，客家委員會的海外社團名單中也並無柬埔寨客屬會館的資料。柬埔寨的客屬會館也較

少與周邊國家的客屬社團聯絡，會館屬下有柬埔寨崇正（客屬）學校、柬埔寨天后宮、柬埔寨客屬會館崇正醒獅團，主要的網絡關係是對內的連結。反之，以新臺客為主所成立的柬埔寨臺灣客家聯誼會，會員人數84人，其中也有非客家8人（需要具有臺商會會員身分），是臺灣人在柬埔寨情感聯誼及商業協助的社團組織。與臺灣相關社團間（主要是客家委員會）的網絡，主要是天穿日（客家日）、中秋節、端午節一起舉辦活動，跨國活動主要是參與亞洲臺灣客家聯合總會客家懇親大會的活動。

（七）汶萊

汶萊目前只有2個正式的客家社團：汶萊大埔同鄉會、汶萊崇正客聯總會，汶萊臺灣客家公會則未正式註冊，目前成員人數較少，尚未有正式活動，成員間私下在商務上有所聯繫。汶萊大埔同鄉會於1975年籌備，1976年獲汶萊政府社團註冊局批准成立，成立42年，目前擁有200多位會員，每年舉辦新春聯誼會、清明春祭大典、會慶、敬老會等活動，特設學優獎勵金。汶萊崇正客聯總會會員目前有208人，成立時間為2010年12月27日，主要活動為新春團拜、清明公祭、中元節、中秋節會慶等活動，並設學優獎勵金。除了公會本身公祭，也會參加馬詩慈善會。馬詩慈善會約有14個華人社團，每年汶萊華社新春聯歡團拜，是華人最大的活動。

（八）澳洲

澳洲是個人口複雜的移民社會，在取消白澳政策後，即吸引大量非歐洲移民的移入，至今有接近三成的人口是外來移民及其

後裔，而臺灣移民亦是澳洲多元社會的其中一員。若從客家人的角度切入澳洲的華人社會，我們會發現其混合了來自中國大陸、臺灣、香港、東帝汶、馬來西亞、新加坡、越南等地的客家人，其複雜性反映出澳洲移民社會的縮影。目前澳洲為僑委會派駐人員駐點的一個重要區域，布里斯本、雪梨都有僑委會設立的教育中心，主要是跟當地的臺僑（包含臺客）連繫，並承辦僑委會交辦的活動與計畫。由於運作了多年，僑委會在這方面經驗相當豐富，且也建立了良好基礎。客家委員會可與這些單位結合，但避免跟僑委會重疊或競爭。客家委員會在經營澳洲客家社團方面的交流，不應只與昆士蘭、墨爾本和雪梨的客家會進行聯繫，宜擴大跟傳統的客家社團進行交流（包括西澳的客家會），並以發揚或保存客家文化作為接觸的主軸。此處傳統的客家社團，其組織成員相當多元化，而且部分成員能夠進入當地的主流社會（尤其是馬來西亞與新加坡的移民），這是相當值得著力的地方，另一方面，墨爾本的新臺客與東帝汶留臺同學會的客家人，也是很值得留意的網絡資源。

二、臺灣與東南亞客家社團未來發展的新取徑

　　長期以來，客家委員會對於海外客家個人及社團組織的各種連結，以及各種客家文化推廣的活動，都投入不少人力與心力。文化推廣的努力有助於提升全球客家人的自尊與認同，客家社團網絡關係的編織，有助累積客家族群的社會資本。客家委員會，作為全球唯一中央級的客家事務專責主管機關，對客家文化的保存、傳承與發揚，扮演關鍵及引領潮流的角色。客家的業務不限

於臺灣，過去這些年來，客家委員會為推展海內外客家事務，積極的拜訪各地客家社團，並藉由籌辦全球性客家會議、辦理海外客家藝文巡演等活動，以強化臺灣與國際客家的連結，提升對臺灣及客家之認同、向心及能見度，逐步建設臺灣成為全球客家文化研究與交流中心。[2]

以臺灣為中心（Hub），連接各地的客家人、客家團體節點（Nodes），將臺灣建設成全球客家人的心靈故鄉。過去活動辦得多，但我們對社團的瞭解比較少，Hub和Nodes之間的網絡關係有待釐清。本書針對亞洲各國共85間客家社團，通過文獻解讀、口述訪談、田野觀察與網絡分析，進一步掌握了這些社團之間的組織關係，找出網絡結構洞（Structural Holes）的位置。並分析哪些社團比較有影響力？哪些國家的社團有總會、分會、地方辦事處，他們之間的互動關係如何，通過怎樣的媒介進行互動。我們也訪談各客家社團在發展客家文化或語言，甚至推展客家文化產業方面，最希望從臺灣，特別是從臺灣的客家委員會得到怎樣的幫助。在充分瞭解社團現況及迫切需求，以及聆聽社團的需求與建議後，本計畫整理出一些具體的建議，希望能提供客家委員會作為客家文化發展的政策規劃或提供鄉親服務的參考。

（一）用客家新傳統與老華客組織交流

針對老華客組織，基本上這些組織的參與者大多為上了年紀的客家商人，這一代的客家人有自己的記憶和關心的事，年輕世

2　客家委員會簡介。https://www.hakka.gov.tw/Content/Content?NodeID=439&PageID=33588&LanguageType=CH

代的參與較少，人事組織都有青黃不接的問題；這是個組織結構的問題：原因是這些老華客組織都必須自力更生，因此，它們的運作必須靠已經在經濟上有成就的客家商人之支持。因此，便由年事較長的商人去主導組織的運作，他們比較有興趣的是維持傳統以及跟原鄉的互動、聯誼，這些業務被視為社團組織的根基。因這樣的考慮使得絕大多數的老華客組織都跟中國原鄉或中國中央、地方政府有著剪不斷的關係。這些組織和臺灣的公部門比較不容易建立深入的關係。但在這個基礎上，臺灣做為客家文化創新發明的基地還是有可為的。我們發現，在馬來西亞老華客社團間流行的「天穿日」活動，就是臺灣客家的原創，「客家日」這樣的新發明的傳統，充滿著客家文化的詮釋，對這些團體具有一定程度的吸引力。[3] 循著這個脈絡，我們可以輸出具有「傳統」的客家文化，譬如改編的山歌與舞蹈以及改良的客家美食。如果將這些「創新的傳統」進一步結合當地的特色，譬如東南亞客家流行的算盤子（藉由大埔客家特色的一種食物）、與割膠有關的山歌歌詞等，相信更能感動這些老華客們。基本上這是臺灣推廣客家文化所具有的特色，可以進一步發揮，這樣的作法，能夠以我文化作為交流的媒介，跟他們的在地生活世界產生關聯，讓臺灣的客家社區和當地的客家社區產生直接的對話，建立彼此的社會文化網絡，這和中國所推動的鄉情連帶以及政治統戰有所區隔。

3　雖然客家日和天穿日的關係，在臺灣還在討論之中，不過國外的客家社團已經接受天穿日作為客家日的這個「新傳統」，這個現象提醒我們在臺灣重新訂定客家日可能帶來的影響。這個觀察，也和客家委員會在政策釐定的時候很有一定程度的關係，提供參考。

（二）用新的客家文化與年輕世代交流

　　老華客組織跟中國之間的交流活動，絕大多數都跟社團組織的理監事有關，但晚近中國各層級政府推行舉辦夏／冬令營，提供誘因讓老華客組織動員理監事或會員子女參與，大有將鄉情連帶向下扎根的趨勢。但在田野中，我們會聽到客家後生對這些活動的正反面意見（主要的活動有舞蹈、武術、尋根之旅、客語教學等，有的與客家傳統文化有關，有的則無關），因此，要說向下扎根，為時尚早。

　　中國作為大部分海外客家社團的原鄉，古老的社區具有一定程度的觀光吸引力，這是不能否認的事實。臺灣作為當代客家文化創新的平台，以新客家文化為核心和創意產業互相結合，可針對年輕學子、[4] 中上年紀的旅遊人口，設計不同的客家文化觀摩之旅。建議重新整理盤點和規劃過去的計畫與實施經驗，以達成確實用新客家文化和海外客家社群之間的聯繫。田調行程中，客家子弟提及來臺灣求學的理由，是經由旅行再選擇到臺灣或中國去求學。因此，建議要重新檢討過去辦理海外客家年輕人相關的活動方式與績效。例如，臺灣所舉辦的客家文化夏令營、客家文化冬令營等活動，應該朝向更「制度化」、「主動化」的方向發展，持續舉辦各項活動，方可讓海外社團或是客家人排入年度行事曆中。

4　我們建議要重新檢討過去辦理海外客家年輕人相關的活動方式與績效。例如，臺灣所舉辦的客家文化夏令營、客家文化冬令營等活動，應該朝向更「制度化」、「主動化」的方向發展，持續舉辦各項活動，方可讓海外社團或是客家人排入年度行事曆中。

（三）「以人爲中心」建立客家文化網絡

　　臺灣過去長期以來所培養的留臺學生、不論是華僑或當地人士，畢業之後在當地國所建立的各種網絡與臺灣社會的關係，可說是蔡總統所揭示的新南向政策中「以人爲中心」的重要交流對象。在東協與東南亞華人社群與臺灣社會關係的議題中，留學臺灣的畢業生，返國之後所組織的留臺校友會是一個重要的對象。過去我們只討論「留臺校友會」，忽略了這些留臺學生裡面高比例的客家籍留臺生，畢業以後回到原居國或居留在臺灣，都應該是編織臺灣和東南亞客家文化網絡最重要的元素。以我們這一次的東南亞客家社團的調查爲例，就非常需要出生於東南亞的學者之參與。

　　以東協和東南亞華人組織的性質來看，由於當地華人來自臺灣的數量相對較少，因此除幾個名稱冠有臺灣的社團組織，一般的同鄉會、會館組織並不具有清楚的臺灣元素。但是留臺畢業生組織是比較特別的一個團體，其中又以馬來西亞最爲特別，「留臺」校友會標示了這個組織與臺灣社會的關係。這裡面客籍留臺生，就是東南亞客家社群和臺灣社會關係最密切的一群人。他們的祖先不一定來自於臺灣，不過他們擁有具體的臺灣經驗，擁有臺灣經驗的客籍留臺生，是我們要積極建立的人群網絡對象。

　　客籍留臺生，在我們進行客家社團的調查和研究的過程中，他們的支持相當的重要，這個團體的不同世代，分別在不同的社會職位中具有重要的地位，早期的客籍留臺生，有許多是現在東南亞華人社群的領袖和知名的企業家。

（四）善用社會媒體進行網絡連結

在資訊社會來臨的時代，社會分析的單位從以地理區位、國家為單位的方法，走向以網絡為分析單位的觀點。客家網絡，也穿越了地理空間的限制，發展出不受空間限制的想像社群。臺灣和馬來西亞、臺灣和東南亞或更大的海外客家社群之間，應積極善用社會媒體進行網絡連結。例如網路電台、網路電視、臉書直播或其他社群媒體網站的經營。例如沙巴客家歌手新歌發表的時候，通過臉書直播可以和臺灣的客家社團直接連線，又如臺灣舉辦客家嘉年華會，可以通過臉書直播或 YouTube 直播，和海外客家社群直接對話。通過數位社群的建構，以進一步發展實體社群的互動，這方面的經營可以多下一番功夫，甚至可以培養網路主播，例如在網路上選拔優秀客家青年，在網路上選拔客家文學，舉辦客家文化的活動和獎勵。臉書、Line 等若干社群媒體在中國是被禁用的，[5] 臺灣則可以自由的用來連接海外的客家社群，增進各種文化的交流或文化觀光。

（五）以學術為基礎建立客家文化發言權

在客家運動進入第三十一年、客家學院成立也將邁入十五年的現在，臺灣的客家學術研究逐漸取得一個確定的地位，在和中國的客家研究兩相比較之下，臺灣的客家研究特色和成果，除了對於文學、語言與歷史方面有一定的成果之外，最主要的特色在

5　就目前的研究所知，中國學者在這方面已經有相當的成就，請參考〈微信上的客家〉一文，除了討論、分享論文、分享論點的現象頗為普遍。臉書、Line 等比較不發達，主要是在中國是被禁用的媒體。

於社會科學、文化研究新的理論和觀點能夠和當代社會接榫。過去這些年來，臺灣的客家研究所啓動的東南亞客家研究，相當程度的擾動了當地的客家社區以及學者對於客家社群的神經，啓發當地客家社群對客家研究的重視，也帶動當地學者進入客家研究的領域，以學術研究爲基礎，面對客家文化重建以及未來發展的種種議題。以臺灣爲平台的國際客家學術研究聯盟的成立，除了可以深化臺灣客家研究的發展，也可以推動臺灣在國際上的能見度。[6] 以學術爲基礎的客家文化交流，不只是交流，更重要的是替客家文化的發展提供細微和充實的論述基礎，強化臺灣在客家文化論述的發言權，增益臺灣作爲一個文化國的影響力。

（六）以具體的理解作爲政策的基礎

　　海外的客家社團，因爲移民歷史的關係或者因爲「家鄉」所在地的理由，基本上可以分成老華客和新臺客兩種類型。客家委員會在經營新、馬、印三國，以「客家」爲基礎，應該同時與新臺客與老華客，都建立密切的關係，選擇交流與深化合作的對象，這需要長時間的經營，需要以具體的理解，思考政策的提出，應該先瞭解他們的需求，這方面需要海外客家研究的學者協助，建立與當地客家社會的長期關係，這方能讓客家委員會與在地關係趨於緊密，這是一項遠程的工作，而非一、兩年的短程策

6　客家委員會學術發展委員會已經在推動這項業務，目前委託國立交通大學客家文化學院規劃推動的全球客家研究聯盟（Consortium of Global Hakka Studies）計畫，正好是回應此處的建議。

略。東南亞的新、馬、泰三國擁有許多客家會館，而印尼則是客家人的人口數眾多，客家委員會應繼續加強對四國客家社會的關注，每三年進行一次訪查，以瞭解四國客家會館的演變。

甚至可以建立一個訊息網站，讓全球各地客家社群想要發布活動的消息，可以到這裡來發布，想要知道客家社群訊息的讀者，也可以到這裡來訂閱，對人們來說是一項服務，其實是免費的向全球各地徵集客家活動的資料，這個平台成為最理解全球客家活動資訊的平台。建議客家委員會選定一個有能力的大學客家社團，持續蒐集網路上的客家社團訊息，並瞭解全球各地的客家活動資訊，將臺灣的客家社團經營成為訊息與網絡中心。這些都是具體瞭解的一種方式。

客家委員會推動的許多海外活動，如「客庄南向活動」、「客家行動灶下」等活動，的確達到文化交流的目的。然而，若要深入跨國客家的交流，需邀請有經驗的團隊進行長時間的深入瞭解，以便提出更合適的做法，針對曾經來臺灣學習過的成員，建議適度的理解他們真正的想法，以及回國之後的狀況。他們都是最好的客家文化交流網絡的種子團隊，也可以通過他們協助培育新的團隊。過去這方面的活動雖然推動次數不少，不過後續的研究和回饋也應該有系統的加以分析和整理。飲食基本上是最容易打入一個社會的活動，客家委員會可以先與兩、三個國家的客家社團建立長期的合作關係。如有可能，客家委員會可以嘗試主辦全球性的客家美食（比賽）的活動，藉此推動客家文化產業，增進跨國客家社會的交流。由臺灣客家委員會通過客家美食，重

建臺灣在全球客家文化的聲望。[7]

（七）規劃統籌海外客家政策

　　客家委員會的經費有限，因此在補助活動時應有所汰選，思考性的強化與東南亞客家社團的關係，建議客家委員會成立海外客家政策規劃委員會，統籌各單位的海外客家政策之規劃與觀察。例如，整合現有的電視、電台成為一個以臺灣為平台的「客家電台、電視App」，以利海外客家社團或是個人收聽與觀看臺灣客家節目，以增加聽眾對臺灣的認識與對臺灣客家文化的理解。特別建議成立一個社會媒體小組，讓傳統、新世代的傳播媒介雙軌並行。或是，設置世界性的客家事務秘書處，以聯繫全球客家事務的發展。

三、結語

　　客家經過長期的遷移，落地生根，與移居地的地理、政治、經濟的互動，與生活周邊的文化、人群交流，大多具有在地化的特質，這特質構成了客家文化彼此之間的多樣性。由於臺灣具有民主社會與重視客家文化（及多元族群文化）的優勢，創生了客家文化的當代性。基於客家文化交流的旨趣，在這個基礎上對海外年輕學生的交流，可由學校推動第三學期，或由客家委員會支持舉辦客家文化夏令營，招收海外年輕人，通過臺灣客家文化，

7　這些相關的做法，都需要以「具體的理解」作為政策的基礎，具體的理解部分可通過學界的田野觀察或研究或工作坊等來取得具體的回饋。

來認識臺灣。對一般的海外客家鄉親，可推客家文化深度旅遊路線，目前東南亞華人前來臺灣旅遊的人數有所成長，如能推出幾個臺灣客家文化之旅的配套，向東南亞華人進行推銷，可透過客家文化旅遊，深入瞭解臺灣客家文化。

在全球客家文化的發展方面，臺灣在客家美食、客家歌謠、文化產業創作已有相當的成就，尤其是客家歌謠，客家委員會可思考以臺灣客家流行音樂爲基礎，成立臉書的粉絲專頁，吸引印尼客家青年的加入（大陸無法用臉書）。加入客家美食、客家音樂活動的組合，促進民間藝文交流。

海外客家社團中有些相當重視文物館的建置，臺灣的客發中心可多進行交流，例如馬六甲客家公會的溫古堂、處於草創時期的馬六甲惠州會館文物室以及沙巴客聯會。除文物外可討論合作建置客語的導覽、文物文獻的e化、文物交換展覽等等。

與海外客家在地文化的交流方面，例如惠州會館的關帝崇拜、譚公等原鄉神明信仰，或是較具本地色彩的大伯公、仙師爺等，臺灣可以透過舉辦客家信仰國際研討會，或促成國際宗教團體的交流方式來增進對彼此的瞭解。特別是臺灣的學術界針對大伯公信仰、先師爺信仰等已經做過了相當深入的調查和研究，可針對這一類的議題進行兩地或多地交流，例如舉辦東南亞華人與大伯公研討會。

客家因文化而得名，客家文化交流也將爲客家帶來生命力，並對當代全球社會做出族群多元化的具體貢獻。

參考書目

王力堅，2011，〈新加坡茶陽（大埔）會館研究：以文化發展爲聚焦〉，頁105-139。收錄於蕭新煌主編，《東南亞客家的變貌：新加坡與馬來西亞》。臺北：中央研究院人文社會科學研究中心亞太區域研究專題中心。

——，2012，《新加坡客家會館與文化研究》。新加坡：八方文化創作室。

王士祿，2002，〈柬埔寨華僑華人的歷史與現況〉。《華僑華人歷史研究》4：49-54。

白偉權、張翰璧，2018，〈由小團結而大團結：星洲客屬總會與南洋客家意識傳播與維繫（1923-1957）〉，頁83-114。黃賢強主編，《會館、社群與網絡》。新加坡：新加坡國立大學中文系、八方文化創作室。

古鴻廷，1994，《東南亞華僑的認同問題（馬來亞篇）》。臺北：聯經出版公司。

江永興，2014，《亞洲臺灣商會聯合總會第二十三屆第三次理監事聯席會議特刊：促進東協，榮耀亞洲》。亞洲臺灣商會聯合總會。

李明歡，1995，《當代海外華人社團研究》。廈門：廈門大學。

利亮時，2009a，《一個消失的聚落：重構新加坡德光島走過的歷史道路》。新加坡：新加坡國立大學中文系、八方文化創作室。

_____，2009b，〈會館、華商與華校的結合體制：以新加坡茶陽（大埔）會館爲例〉。《客家研究》3（1）：35-56。

_____，2011，〈錫、礦家與會館：以雪蘭莪嘉應會館和檳城嘉應會館爲例〉，頁65-85。收錄於蕭新煌主編，《東南亞客家的變貌：新加坡

與馬來西亞》。臺北：中央研究院人社中心亞太區域研究專題中心。

_____，2013a，〈走過移民的崎嶇路的社團：曼谷客家總會與山口洋地區鄉親會之比較〉，頁102-113。收錄於林開忠主編，《東南亞客家族群的生活與文化》。苗栗縣：客家委員會客家文化發展中心。

_____，2013b，〈評論：王力堅著，2012，《新加坡客家會館與文化研究》〉。《全球客家研究》1：245-248。

利亮時、楊忠龍，2010，〈會館、華商與華校的結合：以新加坡茶陽（大埔）會館為例〉，頁955-971。收錄於莊英章、簡美玲主編，《客家的形成與變遷》。新竹市：交大出版社。

林正慧，2015，《臺灣客家的形塑歷程：清代至戰後的追索》。臺北：臺大出版中心。

林開忠，2013，〈從「客幫」到「客屬」：以越南胡志明市崇正會館為例〉，頁114-130。收錄於林開忠主編，《東南亞客家族群的生活與文化》。苗栗縣：客家委員會客家文化發展中心。

林開忠、利亮時，2015，〈日本客家之社群組織與公共參與〉，頁231-267。收錄於張維安主編，《東瀛客蹤：日本客家研究初探》。苗栗縣：客家委員會客家文化發展中心。

周建新，2010，〈族群認同與文化生產：關於世界客屬懇親大會的人類學研究《2010世客會特別專題》〉，河源發展論壇。

邱澎生，2012，〈會館、公所與郊之比較：由商人公產檢視清代中國市場制度的多樣性〉。林玉茹主編，《比較視野下的臺灣商業傳統》，頁267-313。臺北：中央研究院臺灣史研究所。

吳靜宜，2010，《越南華人遷移史與客家話的使用——以胡志明市為例》。中壢市：國立中央大學客家語文研究所碩士論文。

柯朝欽，2017，〈新加坡客家發展的文化政治：跨國連結，彈性關係與文化詮釋〉。《全球客家研究》9：77-126。

梁子衡，1959，《泰國華僑志》。臺北：華僑志編撰委員會。

崔貴強，1994，《新加坡華人：從開阜到建國》。新加坡：新加坡宗鄉
　　會館聯合總會。

許茂春，2008，《東南亞華人與僑批》。泰國：泰國國際郵票公司編輯
　　部。

陳世榮，2013，《社會網絡分析方法：UCINET的應用》。高雄市：巨
　　流出版社。

張容嘉，2018，《全球客家想像的浮現與蛻變》。新竹：國立清華大學
　　社會學研究所博士論文。

張陳基、蕭新煌，2018，〈新加坡客家社團的社會網絡模式〉，頁139-
　　160。收錄於黃賢強主編，《會館、社群與網絡》。新加坡：新加坡
　　國立大學中文系、新加坡茶陽（大埔）會館等出版。

張維安，2010，〈追根溯源：全球客家族群移民遷徙概述〉，頁19-28。
　　行政院客家委員會《2010年海外客家社團負責人諮詢會議手冊》。臺
　　北：王朝大酒店。

張翰璧、張維安、利亮時，2014，〈神的信仰、人的關係與社會的組
　　織：檳城海珠嶼大伯公及其祭祀組織〉，全球客家研究，第3期，頁
　　111-138。

曾玲、莊英章，2000，《新加坡華人的祖先崇拜與宗鄉社群整合：以戰
　　後三十年廣惠肇碧山亭爲例》。臺北：唐山出版社。

黃賢強，2007，《新加坡客家》。廣西：廣西師範大學出版社。

──，2011，〈新加坡永定會館：從會議記錄和會刊看會館的演變〉，
　　頁33-64。收錄於蕭新煌主編，《東南亞客家的變貌：新加坡與馬來西
　　亞》。臺北：中央研究院人文社會科學研究中心亞太區域研究專題中
　　心。

黃淑玲、利亮時，2011，〈共進與分途：二戰後新馬客家會館的發展比
　　較〉，頁87-104。收錄於蕭新煌主編，《東南亞客家的變貌：新加坡
　　與馬來西亞》。臺北：中央研究院人文社會科學研究中心亞太區域研

究專題中心。

黃信洋，2018，〈全球客家族群網絡的動態形塑：論跨國客家集會的形態、運作與發展〉，頁 23-39。《2018 年台中客家文化學術研討會會議手冊》，主辦單位：臺中市政府客家事務委員會。

葉濟正，2013，〈越南客家人滄桑史〉（參考本）。

榮泰生，2011，《企業研究方法》。臺北：五南圖書出版股份有限公司。

黎莊，1958，《柬埔寨華僑教育》。臺北：海外出版社。

鄭懷生，2001，〈越南崇正會館概況〉。《客家人》第 1-2 期合刊（總第 33-34 期）：60-61。

潘翎，1998，《海外華人百科全書》。香港：三聯書局。

劉軍，2004，《社會網絡分析導論》。北京：社會科學文獻出版社。

劉青山，2006，〈潮汕半山客華僑華人〉，收錄於洪林、黎道綱編，《泰國華僑華人研究》。香港：香港社會科學出版社。

賴錦廷，2006，《泰國客家總會成立 80 周年會慶特刊》。曼谷：泰國客家總會。

蕭新煌，2011，〈東南亞客家的變貌：族群認同與在地化的辯證〉，頁 3-30。收錄於蕭新煌主編，《東南亞客家的變貌：新加坡與馬來西亞》。臺北：中央研究院人文社會科學研究中心亞太區域研究專題中心。

蕭新煌、孫志慧、何秀娟、李志遠，1997，《臺灣民間福利社團與基金會的資源網絡與結盟動員》。臺北：創世社會福利基金會。

蕭新煌、張維安、范振乾、林開忠、李美賢、張翰璧，2005，〈東南亞的客家會館：歷史與功能的探討〉。《亞太研究論壇》28：185-219。

蕭新煌、林開忠、張維安，2007，〈東南亞客家篇〉，頁 563-587。收錄於徐正光主編，《臺灣客家研究概論》。臺北：行政院客家委員會／臺灣客家研究學會。

鍾豔攸，2018，《臺馬兩地客家地緣性社團之發展比較：以大埔（茶陽）同鄉社團爲例》。臺北：翰蘆圖書出版社。

羅英祥，2003，《飄洋過海的客家人》。河南：河南大學出版社。

羅素玫，2013，〈印尼峇里島華人族群現象：以客家社團組織爲核心的探討〉，頁132-155。收錄於林開忠主編，《東南亞客家族群的生活與文化》。苗栗縣：客家委員會客家文化發展中心。

Blau, P. M., 1977, *Inequality and heterogeneity: a primitive theory of social structure.* New York: Free Press.

Burt, R. S., 1992, *Structural holes: The structure of social capital competition.* Cambridge, MA: Harvard University Press.

Benini, A. A., 1999, "Network without centre? A case study of an organizational network responding to an earthquake." *Journal of Contingencies and Crisis Management,* 7 (1): 38-47.

Cheng Lim Keak., 1985, *Social Change and the Chinese in Singapore: A Socio-Economic Geogra-phy with Special Reference to Bang Structure.* Singapore: Singapore University Press.

Carroll, G. R., & Teo, A. C., 1996, "On the social networks of managers." *Academy of Management journal,* 39 (2): 421-440.

Doreian, P. & Stokman, F. N., 1997, *Evolution of social networks.* London: Routledge.

Firth, R., 1991, "Professor Maurice Freedman: In Memoriam." *In An Old State, In New Settings: Studies in the Social Anthropology of China in Memory of Maurice Freedman.* (Edited by Hugh D.R. Baker & Stephan Feuchtwang）. Oxford: JASO Publish.

Freedman, M., 1966, *Chinese Lineage and Society.* London: Athlone Press.

Freeman, L. C., Roeder, D., & Mulholland, R. R., 1979, "Centrality in social networks: II. Experimental results." *Social networks,* 22: 119-141.

Granovetter, M. S., 1973, "The Strength of Weak Ties." *American Journal of Sociology*, 78 (6):1360-1380.

Ip, David., 2001, "A Decade of Taiwanese Migrant Settlement in Australia: Comparisons with Mainland Chinese and Hong Kong Settlers." *Journal of Population Studies*, 23: 113-145.

Jiann Hsieh., 1977, *Internal Structure and Socio-Cultural Change: A Chinese Case in the Multi Ethnic Society of Singapore*. Mich.: University Microfilms International.

Khowaja, Nigar G., Sabrina Yang & Cockshaw, Wendell., 2016, "Taiwanese Migrants in Australia: An Investigation of Their Acculturation and Wellbeing". *Journal of Pacific Rim Psychology*, 10: 1-10.

Kuhn, Philip A., 2008, *Chinese Among Others: Emigration in Modern Times*. Rowman & Littlefield Publishers.

Leong, S. T., 1997, *Migration and Ethnicity in Chinese History*. Stanford: Stanford University Press.

Marsot, Alain G., 1993, *The Chinese Community in Vietnam under the French*. San Francisco: EM Text.

Pasternak, B., 1969, "The Role of the Frontier in Chinese Lineage Development." *The Journal of Asian Studies*, 28 (3): 551-561.

Pfeffer, J., & Salancik, G., 2003, *The external control of organizations: A resource dependence perspective*. CA: Stanford University Press.

Pujol, J. M., Sangüesa, R., & Delgado, J., 2002, "Extracting reputation in multi agent systems by means of social network topology." Paper presented at *the Proceedings of the first international joint conference on Autonomous agents and multiagent systems: part 1*.

Simandjuntak, B., 1985, "*Federalisme Tanah Melayu 1945-1963.*" Petaling Jaya: Penerbit Fajar Batki: 60.

Willmott, William E., 1970, *The Political Structure of the Chinese Community in Cambodia*. University of London: Athlone Press.

Department of Immigration and Citizenship, Australian Government, 2011, "Community Information Summary: Taiwan-born".

附錄 1：社會網絡名詞解釋

英文	中文	名詞解釋
Social Network Analysis	社會網絡分析	社會網絡分析是利用網絡及圖學理論來分析社會關係結構的方法
Ties	連結	社會網絡中的關係或是互動（又稱 edges 或是 links）
Nodes	節點	社會網絡中的個人、團體、事件等（又稱為 actor）
Graph Theory	圖論	亦稱「拓樸學」（topology），探討網絡中節點與連結的關係
Structural Hole	結構洞	是指網絡中節點與節點之間所缺乏的連結缺口，也象徵節點與節點之間聯絡上必要的關係
Tie Strength	連結強度	連結強度指網絡中互惠程度、聯繫頻率以及情感深淺，可分為強連結（Strong Ties）與弱連結（Weak ties）
Centrality	中心性	中心性是將節點鑲嵌於關係網絡中的現象做一描述，代表重要性及影響力
Cluster Analysis	叢集分析	將網絡中的個體依照連結強度區分成不同次團體（cliques）或社交圈（social circles）
In-degree	向內度數	是指節點被其他節點提到或是被關注的次數或頻率
Out-degree	向外度數	是指節點提到或是主動連絡其他節點的次數或頻率
Multidimensional Scaling	多面向尺度分析	分析社會網絡連結組合的相似或差異性，將連結緊密的節點相鄰在一起而繪製成具有關係遠近的節點分布圖

附錄 2：受訪客家社團一覽表

地區 / 國家	編號	組織名稱
新加坡	1	亞洲臺灣客家聯合總會
新加坡	2	新加坡臺灣客家同鄉聯誼會
新加坡	3	新加坡永定會館
新加坡	4	新加坡河婆集團
新加坡	5	新加坡南洋客屬總會
新加坡	6	新加坡茶陽（大埔）會館
新加坡	7	新加坡惠州會館
新加坡	8	新加坡廣西暨高州會館
新加坡	9	新加坡應和會館
新加坡	10	新加坡豐順會館
馬來西亞	11	北馬永定同鄉會
馬來西亞	12	古晉惠東安公會
馬來西亞	13	古晉會寧同鄉會
馬來西亞	14	古晉漢斯省大埔同鄉會
馬來西亞	15	吉隆坡赤溪公館
馬來西亞	16	沙巴山打根客家公會
馬來西亞	17	沙巴山打根惠東安公會
馬來西亞	18	沙巴州大埔同鄉會
馬來西亞	19	沙巴州河婆同鄉會
馬來西亞	20	沙巴州寶安同鄉會
馬來西亞	21	沙巴亞庇龍州同鄉會
馬來西亞	22	沙巴暨納閩聯邦直轄區客家公會聯合會
馬來西亞	23	亞庇客家公會
馬來西亞	24	柔佛州古來客家公會
馬來西亞	25	柔佛州峇株吧轄客家公會

馬來西亞	26	柔佛州烏魯地南客家公會
馬來西亞	27	柔佛昔加末客家公會
馬來西亞	28	柔佛河婆同鄉會
馬來西亞	29	柔佛笨珍客家公會
馬來西亞	30	砂拉越河婆同鄉會
馬來西亞	31	砂拉越客家公會
馬來西亞	32	馬六甲客家公會
馬來西亞	33	馬六甲茶陽會館
馬來西亞	34	馬六甲惠州會館
馬來西亞	35	馬六甲應和會館
馬來西亞	36	馬來西亞大埔茶陽社團聯合總會
馬來西亞	37	馬來西亞臺灣客家同鄉聯誼會
馬來西亞	38	馬來西亞河源同鄉會
馬來西亞	39	馬來西亞客家公會聯合總會
馬來西亞	40	馬來西亞海陸會館
馬來西亞	41	馬來西亞惠州會館聯合總會
馬來西亞	42	雪隆茶陽（大埔）會館
馬來西亞	43	雪隆惠州會館
馬來西亞	44	雪隆嘉應會館
馬來西亞	45	森美蘭客家公會聯合會
馬來西亞	46	隆雪河婆同鄉會
馬來西亞	47	檳城大埔同鄉會
馬來西亞	48	檳城客家公會
馬來西亞	49	檳城惠州會館
馬來西亞	50	檳城嘉應會館
馬來西亞	51	檳城增龍會館
馬來西亞	52	霹靂州嘉應會館
泰國曼谷	53	泰國大埔會館
泰國曼谷	54	泰國臺灣客家同鄉會
泰國曼谷	55	泰國客家總會

泰國曼谷	56	泰國客屬商會
泰國曼谷	57	泰國曼谷惠州會館
泰國曼谷	58	泰國梅縣會館
泰國曼谷	59	泰國豐順會館
泰國南部	60	泰國合艾牛山客會館
泰國南部	61	泰國合艾客家會館
泰國南部	62	泰國合艾梅州會館
泰國南部	63	泰國合艾惠州會館
泰國南部	64	泰國合艾豐順會館
泰國南部	65	泰國宋卡客家會館
越南	66	越南胡志明崇正會館（客屬總會越南分會）
柬埔寨	67	柬埔寨臺灣客家聯誼會
汶萊	68	汶萊大埔同鄉會
汶萊	69	汶萊臺灣客家公會
汶萊	70	汶萊崇正客聯總會
印尼	71	印尼大埔同鄉會
印尼	72	印尼臺灣客家聯合總會
印尼	73	印尼客屬總公會（印尼雅加達客屬聯誼總會）
印尼	74	印尼梅州會館
印尼	75	印尼惠潮嘉會館
印尼	76	印尼雅加達勿里洞同鄉聯誼會
大洋洲	77	大洋洲客屬公會
大洋洲	78	西澳客家公會
大洋洲	79	紐西蘭客家同鄉會
大洋洲	80	紐省客屬聯誼會
大洋洲	81	維省客屬崇正會
大洋洲	82	澳大利亞墨爾本客家聯誼會
大洋洲	83	澳洲昆士蘭客家會
大洋洲	84	澳洲帝汶留臺同學會
大洋洲	85	澳洲雪梨客家聯誼會

附錄 3：亞洲客家社團訪談問卷（以新馬版為例）

各位客家社團前輩，您們好：

　　這是一份學術研究的問卷調查，目的在於瞭解客家社團的重要業務及彼此之間的交流關係。為使研究資料更加完備，懇請您們撥冗填答。您們的意見和所提供的資料，僅供統計分析上使用，絕不外洩，請您安心填答。分析之後的相關研究成果也將與您們分享，非常感謝您的協助。

國立中央大學海外客家研究中心
　　　　亞洲客家社團研究小組
　　　　　　　總主持人　　蕭新煌
　　　　　　　共同主持人　張翰璧
　　　　　　　　　　　　　張維安
　　　　　　　　　　　　　利亮時
　　　　　　　　　　　　　林開忠
　　　　　　　　　　　　　張陳基　　　敬上

第一部分：基本資料

1.1　貴社團名稱：＿＿＿＿＿＿＿＿＿＿＿＿＿＿＿＿＿＿＿

1.2　貴社團所在地址：＿＿＿＿＿＿＿＿＿＿＿＿＿＿＿＿＿

1.3　貴社團聯絡 Email：＿＿＿＿＿＿＿＿＿＿＿＿＿＿＿＿

1.4　貴社團網站：＿＿＿＿＿＿＿＿＿＿＿＿＿＿＿＿＿＿＿

1.5　負責人（例如理事長、會長）：＿＿＿＿＿＿＿＿＿＿＿

1.6　貴社團的會員人數：＿＿＿人

1.7　貴社團成立年份：西元＿＿＿＿＿年

1.8　貴社團過去兩年舉辦過哪些重要的活動：＿＿＿＿＿＿＿

1.8.1　社團內部的活動（例如會員大會）：＿＿＿＿＿＿＿＿

1.8.2　新加坡國內的活動：＿＿＿＿＿＿＿＿＿＿＿＿＿＿＿

1.8.3　跨國舉辦的活動：＿＿＿＿＿＿＿＿＿＿＿＿＿＿＿＿

1.9　是否有出版品／刊名／創刊年／期數：□是、□否

1.9.1　刊名：＿＿＿＿＿＿＿＿＿＿＿＿＿＿＿＿＿＿＿＿＿

1.9.2　創刊年：＿＿＿＿＿＿＿＿＿＿＿＿＿＿＿＿＿＿＿＿

1.9.3　已出版期數：＿＿＿＿＿＿＿＿＿＿＿＿＿＿＿＿＿＿

1.9.4　其他出版品（專書）：＿＿＿＿＿＿＿＿＿＿＿＿＿＿

1.10　貴社團的經濟來源有哪些（可複選）？請依多寡順序填入
　　　1.2.3.：

　　　□會費、□財產利息或租賃收入、□捐款

　　　□其他(請說明)：＿＿＿＿＿＿＿＿＿＿＿＿＿＿＿＿＿

1.11　請問貴社團主要的會務內容

　　　(1)＿＿＿＿＿＿＿(2)＿＿＿＿＿＿＿(3)＿＿＿＿＿＿＿

1.12　請問貴社團的會務中，您覺得哪些比較有成就感

　　　(1)＿＿＿＿＿＿＿(2)＿＿＿＿＿＿＿(3)＿＿＿＿＿＿＿

1.13　請問貴社團在推動會務時，您覺得有哪些需要改進的地方

(1)＿＿＿＿＿＿＿＿(2)＿＿＿＿＿＿＿＿(3)＿＿＿＿＿＿＿

第二部分：社團語言的使用

2.1　貴社團開正式會議時最常使用的語言以及使用的比例

(1)＿＿＿＿＿＿（比例：　%）

(2)＿＿＿＿＿＿（比例：　%）

(3)＿＿＿＿＿＿（比例：　%）

2.2　貴社團在舉辦一般活動時經常使用的語言以及使用的比例

(1)＿＿＿＿＿＿（比例：　%）

(2)＿＿＿＿＿＿（比例：　%）

(3)＿＿＿＿＿＿（比例：　%）

2.3　貴社團會員之間在平時交往時經常使用的語言以及使用的比例

(1)＿＿＿＿＿＿（比例：　%）

(2)＿＿＿＿＿＿（比例：　%）

(3)＿＿＿＿＿＿（比例：　%）

第三部分：貴社團主動與下列社團交流的情形

3.1　貴社團在舉辦相關活動時，曾經和下列哪些社團合作？請寫出過去兩年合作過的次數。

3.2　貴社團在舉辦相關活動時會去邀請下列哪些社團參加？請寫出過去兩年來所邀請的次數。

3.3 貴社團是不是會與下列哪些社團分享活動資訊或出版訊息？請寫出過去兩年來的次數。

3.4 貴社團在推展會務或是會務運作時，如果遇到困難會去找下列哪些社團尋求建議或協助？請寫出過去兩年來的協助次數。

第四部分：下列社團主動與貴社團交流的情形

4.1 在舉辦活動時，以下哪些社團會和貴社團合作？請寫出過去兩年來合作過的次數。

4.2 在舉辦活動時，以下哪些社團會邀請貴社團參加？請寫出過去兩年來所邀請的次數。

4.3 以下哪些社團會跟貴社團分享活動資訊或出版訊息？請寫出過去兩年來的次數。

4.4 如果在推展會務或是會務運作遇到困難時，以下哪些社團曾尋求過貴社團的建議或協助？請寫出過去兩年來的協助次數。

第五部分：在貴國社會、商業與政治領域中，貴社團經常聯繫的人士

5.1 **社會鄉賢方面**，請依序列出他們的大名及所屬組織（機構）名稱。

(1) 姓名：_____ 所屬組織（機構）：_____

(2) 姓名：_____ 所屬組織（機構）：_____

(3) 姓名：_____ 所屬組織（機構）：_____

(4) 姓名：_____ 所屬組織（機構）：_____

(5) 姓名：_____ 所屬組織（機構）：_____

5.2 **商業領域方面**，請依序列出他們的大名及所屬組織（機構）名稱。

(1) 姓名：_____ 所屬組織（機構）：_____

(2) 姓名：_____ 所屬組織（機構）：_____

(3) 姓名：_____ 所屬組織（機構）：_____

(4) 姓名：_____ 所屬組織（機構）：_____

(5) 姓名：_____ 所屬組織（機構）：_____

5.3 **政治領域方面**，請依序列出他們的大名及所屬組織（機構）名稱。

(1) 姓名：_____ 所屬組織（機構）：_____

(2) 姓名：_____ 所屬組織（機構）：_____

(3) 姓名：_____ 所屬組織（機構）：_____

(4) 姓名：_____ 所屬組織（機構）：_____

(5) 姓名：_____ 所屬組織（機構）：_____

第六部分：就貴國、臺灣、中國與其他國家，貴社團經常聯繫的組織（機構）

6.1 **貴國**

6.1.1 在貴國的民間社團方面，請依序列出：

(1)_____(2)_____(3)_____(4)_____(5)_____

請說明聯繫目的及內容：_____

6.1.2　在貴國的企業或商業組織方面，請依序列出：

(1)_____(2)_____(3)_____(4)_____(5)_____

請說明聯繫目的及內容：_____

6.1.3　在貴國的政府公部門方面，請依序列出：

(1)_____(2)_____(3)_____(4)_____(5)_____

請說明聯繫目的及內容：_____

6.2　臺灣

6.2.1　在臺灣的民間社團方面，請依序列出：

(1)_____(2)_____(3)_____(4)_____(5)_____

請說明聯繫目的及內容：_____

6.2.2　在臺灣的企業或商業組織方面，請依序列出：

(1)_____(2)_____(3)_____(4)_____(5)

請說明聯繫目的及內容：_____

6.2.3　在臺灣的政府公部門方面，請依序列出：

(1)_____(2)_____(3)_____(4)_____(5)_____

請說明聯繫目的及內容：_____

6.3　中國

6.3.1　在中國的民間社團方面，請依序列出：

(1)_____(2)_____(3)_____(4)_____(5)_____

請說明聯繫目的及內容：_____

6.3.2　在中國的企業或商業組織方面，請依序列出：

(1)_____(2)_____(3)_____(4)_____(5)_____

請說明聯繫目的及內容：_____

6.3.3　在中國的政府公部門方面，請依序列出：

(1)_____(2)_____(3)_____(4)_____(5)_____

請說明聯繫目的及內容：_____

6.4 其他國家

6.4.1 在其他國家的民間社團方面，請依序列出：

(1)_____(2)_____(3)_____(4)_____(5)_____

請說明聯繫目的及內容：_____

6.4.2 在其他國家的企業或商業組織方面，請依序列出：

(1)_____(2)_____(3)_____(4)_____(5)_____

請說明聯繫目的及內容：_____

6.4.3 在其他國家的政府公部門方面，請依序列出：

(1)_____(2)_____(3)_____(4)_____(5)_____

請說明聯繫目的及內容：_____

～問卷填答到此結束，感謝您～

國家圖書館出版品預行編目（CIP）資料

東南亞客家社團組織的網路 / 蕭新煌, 張翰璧, 張維安
主編 . -- 初版 . -- 桃園市：中央大學出版中心；
臺北市：遠流，　2020.01
　面；　公分
ISBN　978-986-5659-29-5（平裝）

1. 客家　2. 機關團體　3. 東南亞

536.211　　　　　　　　　　　　　　　108019861

東南亞客家社團組織的網絡
The Networks of the Hakka Ethnic Associations in Southeast Asia

編者：蕭新煌 Hsin-Huang Michael Hsiao
　　　張翰璧 Han-Pi Chang
　　　張維安 Wei-An Chang
執行編輯：王怡靜

出版單位：國立中央大學出版中心
　　　　　桃園市中壢區中大路 300 號

　　　　　遠流出版事業股份有限公司
　　　　　臺北市南昌路二段 81 號 6 樓

發行單位／展售處：遠流出版事業股份有限公司
地址：臺北市南昌路二段 81 號 6 樓
電話：(02) 23926899　傳真：(02) 23926658
劃撥帳號：0189456-1

著作權顧問：蕭雄淋律師
2020 年 1 月 初版一刷
售價：新台幣 400 元

Y_lib 遠流博識網 http://www.ylib.com　E-mail: ylib@ylib.com